老年大学教材系列丛书

计算机教程

主　编　杨　柳
副主编　黄德君

哈尔滨工程大学出版社
Harbin Engineering University Press

内 容 简 介

本书内容主要包括计算机基础入门和提高应用两大部分。计算机基础入门篇主要学习计算机的基础操作：鼠标、键盘的使用；记事本、Microsoft Word 软件的使用；U 盘的使用；网络基本常识；QQ 聊天软件；上网下载软件；查杀和预防计算机病毒等中、老年朋友最迫切想要熟悉和掌握的计算机基础理论知识和操作技巧。提高应用篇主要学习 Word 高级应用技巧——电子相册、制作贺卡；照片后期处理软件的使用；淘宝、微博等网络提高应用的相关知识。

本书可作为老年人大学计算机班学员必修课教材，也可供其他中、老年学员自主学习、终身学习参考使用。

图书在版编目(CIP)数据

计算机教程/杨柳主编. —哈尔滨：哈尔滨工程大学出版社，2018.9

ISBN 978-7-5661-2093-9

Ⅰ.①计… Ⅱ.①杨… Ⅲ.①电子计算机—教材 Ⅳ.①TP3

中国版本图书馆 CIP 数据核字(2018)第 214728 号

选题策划 张　玲
责任编辑 石　岭
封面设计 李海波

出版发行 哈尔滨工程大学出版社
社　　址 哈尔滨市南岗区南通大街 145 号
邮政编码 150001
发行电话 0451-82519328
传　　真 0451-82519699
经　　销 新华书店
印　　刷 黑龙江龙江传媒有限责任公司
开　　本 787 mm×1 092 mm　1/16
印　　张 11.5
字　　数 96 千字
版　　次 2018 年 9 月第 1 版
印　　次 2018 年 9 月第 1 次印刷
定　　价 40.00 元
http://www.hrbeupress.com
E-mail:heupress@hrbeu.edu.cn

前　言

本书是哈尔滨老年人大学组织编写的计算机系列教材之一，是中、老年学员和广大计算机爱好者学习计算机基础知识和掌握计算机操作技巧的专业教材。

本书是在认真总结计算机课程教学经验的基础上，根据中、老年学员学习计算机知识的记忆特点和操作难点，运用通俗易懂的语言，并辅以大量配图，采取由浅入深、循序渐进和精讲多练的原则编写而成的。本书从计算机的基本构造、工作原理入手，详细讲解了 Windows 7 操作系统、Microsoft Word、计算机网络、U 盘的使用、系统安全软件、照片后期处理软件、制作电子相册、淘宝、微博等计算机基础知识和提高部分知识的应用，为中、老年计算机学员构建完整计算机专业知识架构的同时，还将引导他们在学习计算机操作过程中掌握一种高效、快捷的学习方法，以及体验网络世界带给他们的学习快乐。

特别需要说明的是，本书力图讲解最新版本的软件操作，但因计算机软件版权方升级或维护，实际操作可能会与书中有所不同。

在本书编写过程中，得到了哈尔滨老年人大学校领导和处室领导的大力支持，在此一并致以诚挚的谢意。

同时，由于编者水平有限，教材中不足之处在所难免，恳请读者提出宝贵建议和意见。

编　者

2018 年 7 月

目　录

第一篇　计算机基础入门

第二篇　计算机提高应用

第一篇　计算机基础入门

第1章　计算机概述

1.1　计算机发展简史

1.1.1　什么是电子计算机

电子计算机（Computer）是一种按照人们预先设计的程序自动、高速、精确地进行各种数值计算和信息处理的电子机器。

1.1.2　世界上第一台电子计算机

世界上第一台电子计算机1946年2月诞生于美国宾夕法尼亚大学，被命名为“ENIAC”（中文名称：埃尼阿克），它的两位发明人见图1－1。ENIAC的特点如下：

1. 它是由18 000余只电子管构成的；

2. 它占地170平方米（图1－2为工作中的ENIAC）；

图1－1 ENIAC的两位发明人:莫奇利与埃克特

3. 总质量为30吨;

4. 耗电量为140千瓦时;

5. 运算速度只有每秒5 000次(指的是进行加减运算的速度)。

图1－2 工作中的ENIAC

1.1.3　计算机的发展历程

1.70 多年来计算机的发展特点如下：

(1)体积越来越小；

(2)功能越来越强；

(3)价格越来越低；

(4)应用越来越广。

2.计算机以构成它的电子元件划代，如表 1－1 所示，各代计算机的外形图见图 1－3 至图 1－6。

表 1－1　计算机的发展历程

划代	年代	主要电子器件			计算速度	应用领域
第一代	1946—1958 年	电子管	内存为磁鼓	外存为磁带	5 000 次/秒	数值计算
第二代	1959—1964 年	晶体管	内存为磁芯	外存为磁盘	几万或几十万次/秒	数据处理
第三代	1965—1970 年	集成电路			几千万次/秒	信息处理（处理数据、文字、图像）
第四代	1971—现在	大规模集成电路和超大规模集成电路			几亿次/秒	智能化方向

图1－3　第一代计算机

图1－4　第二代计算机

图1-5 第三代计算机

图1-6 第四代计算机

1.1.4 计算机未来发展方向

计算机未来主要向“四化”方向发展，“四化”即巨型化、微型化、网络化、智能化。

1.2 微型计算机的结构

1.2.1 微型计算机(PC机)简介

1. 微型计算机的产生

微型计算机(简称微机)又称为个人计算机，最早的微机是由美国的IBM公司(图1-7)于1980年推出的IBM-PC机(蓝色巨人)。

2. 微机的特点

微机有性能高、价格低、使用方便的特点。

3. 微机的型号

微机以其中央处理器(CPU)的运算速度来确定型号。IBM公司在1983年推出了PC/AT机，它用的是80286芯片，所以机型定名为286机，之后以此类推，386，486，586机相继问世。

但到586机后，世界最大的处理器生产商——美国的INTER(英特尔)公司，给处理器取了一个名字——“奔腾”。

图 1－7　IBM 总部

1.2.2　计算机系统的构成

计算机系统由硬件和软件构成。

(1)硬件

硬件是构成计算机的物理装置,是看得见、摸得着的有形实体,包括显示器、主机箱、键盘、鼠标和音箱等设备(图 1－8)。

(2)软件

软件是为指挥计算机进行各种工作所编制的程序,包括系统软件、应用软件、工具软件等。

下面重点介绍计算机硬件。

1. 主机(箱)

(1)正面(图 1－9)

①电源键(开关键,POWER 键)

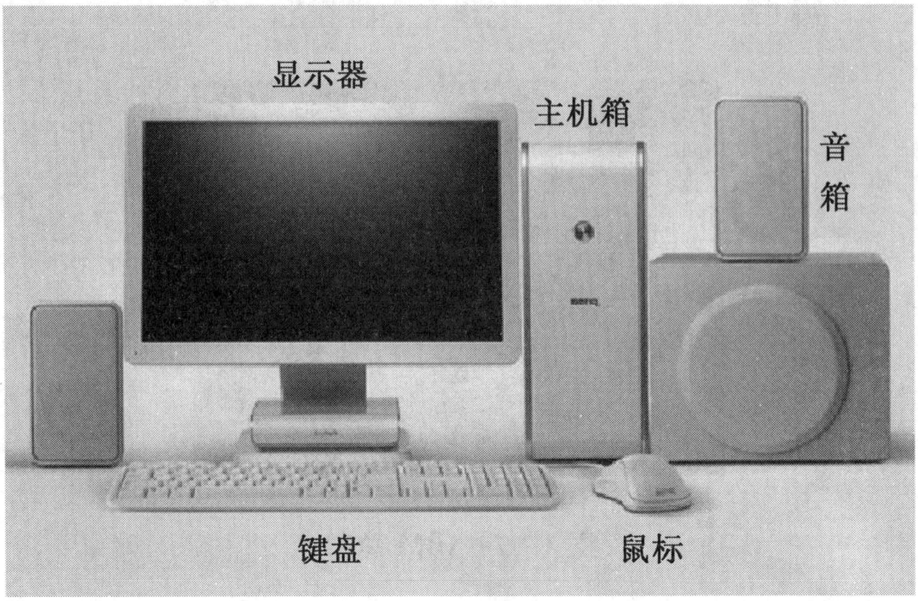

图1-8　计算机系统

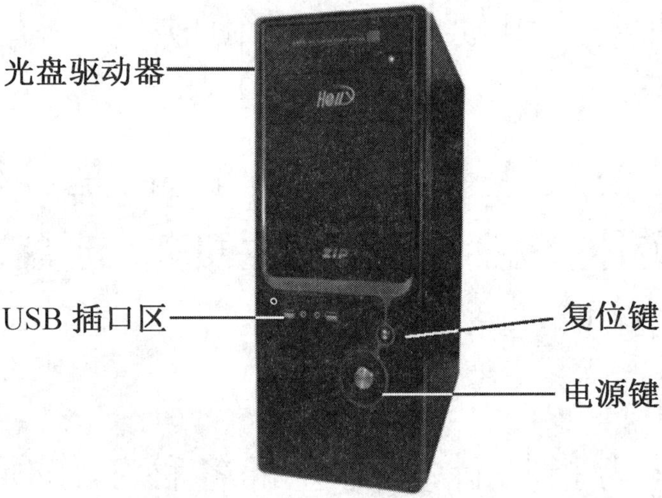

图1-9　机箱正面

作用:打开主机电源,启动计算机。

②复位键(RESET 键)。

作用:重新启动计算机。

③光盘驱动器（光驱）

④USB 插口区

（2）背面（图 1－10）

①鼠标连线；

②键盘连线；

③显示器数据线（深蓝色）；

④主机电源线（黑色）。

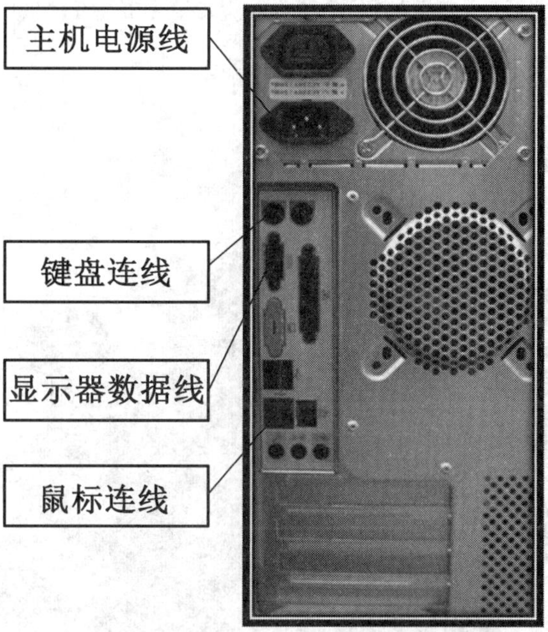

图 1－10　机箱的背面

（3）内部

①中央处理器（CPU）是计算机的“心脏”，包括控制器和运算器（图 1－11）；

(a) (b)

图 1－11　处理器

(a)Intel 处理器;(b)AMD 处理器

②存储器是计算机中存放数据和程序的场所,它分为内存储器和外存储器两种。

a. 内存储器(图 1－12)

图 1－12　内存条

随机存储器(RAM)　可写入数据,也可读出数据,用来存储临时的数据和指令,但随着电源的关闭数据将全部丢失,它就是我们平时所说的“内存”。

只读存储器(ROM) 对于普通用户只能读出数据,而不能写入,它所存储的数据不论电源是否关闭,都将被保存。

b. 外存储器(称为“辅助存储器”),它可分为以下三种:

U 盘(优盘) 目前它的容量从 8 G 至 1 T,是现在广泛使用的外存储器之一,如图 1－13 所示。

图 1－13 U 盘

光盘 大多数盘片直径为 3.5 英寸,它是通过激光在盘片上灼蚀记录数据,它的特点是数据保存时间长(在 100 年左右),数据基本不丢失,容量大(720 MB ~ 8.2 GB),如图 1－14 所示。

硬盘 它是装在计算机内部的,不像光盘和 U 盘那样可以随便移动,但它的存储容量却非常大(500

G,1T,2 等),它也是衡量计算机性能的重要指标,如图 1－15 所示。

图 1－14　光盘

图 1－15　硬盘

内存和外存的区别:外存主要用于保存暂时不用但又需要长期保留的程序和数据。存放在外存中的程序必须调入内存才能运行,一般速度较慢。

2. 显示器

显示器是计算机的输出设备,它的作用是将计算机输出的电信号转换成可以直接观察到的字符、图形和图像。显示器可分为普通 CRT 显示器和液晶 LCD 显示器。而 CRT 显示器又分为黑白和彩色两种,它有几个重要指标来衡量其性能:屏幕尺寸、屏幕类别、最大分辨率等。

目前使用的显示器主要是液晶 LCD 显示器,如图 1－16 所示。LCD 显示器以其无辐射、不伤眼和环保为卖点。

3. 鼠标

鼠标是一种屏幕定位设备，也属于输入设备。它分为机械式和光电式两种，如图 1－17 所示。

图 1－16　LCD 液晶显示器

图 1－17　键盘和鼠标

4. 键盘

键盘是向计算机输入数据的最重要的输入设备。

5. 打印机

它是一种较常见的输出设备，它分为针式打印机（点阵式打印机）、激光打印机，喷墨打印机等，如图 1－18 所示。

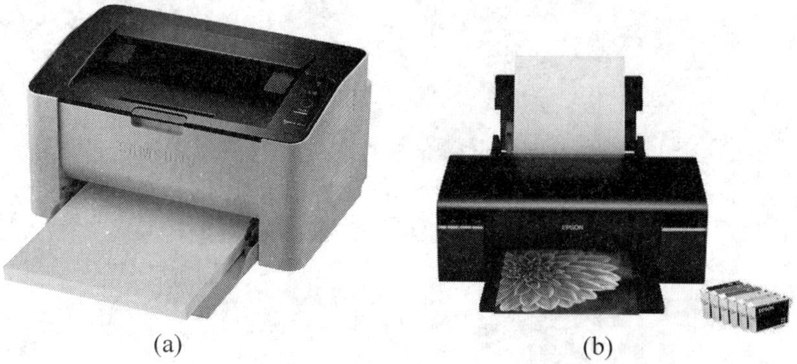

(a)　　　　(b)

图 1－18　打印机

（a）激光打印机；（b）喷墨打印机

1.2.3 开、关计算机的顺序

开机:先开(显示器)外设,后开主机。

关机:先关主机,后关外设(使用 Windows 7 操作系统软件关机,称为软关机)。

第2章　Windows 7 操作系统简介

Windows(视窗)操作系统是目前微机中最常用的一种操作系统,是由美国的Microsoft公司(微软公司)于20世纪90年代初研制开发的。它先后历经了Windows 3.X、Windows 95、Windows 98、Windows 2000、Windows XP、Windows 2003、Windows Vista、Windows 7、Windows 8、Windows 10等版本,部分系统如图2-1至图2-4所示。它是一种图文并茂、易于操作的多窗口、多任务的操作系统。本章主要对目前被广泛应用的Windows 7(简称Win 7)系统进行讲解。

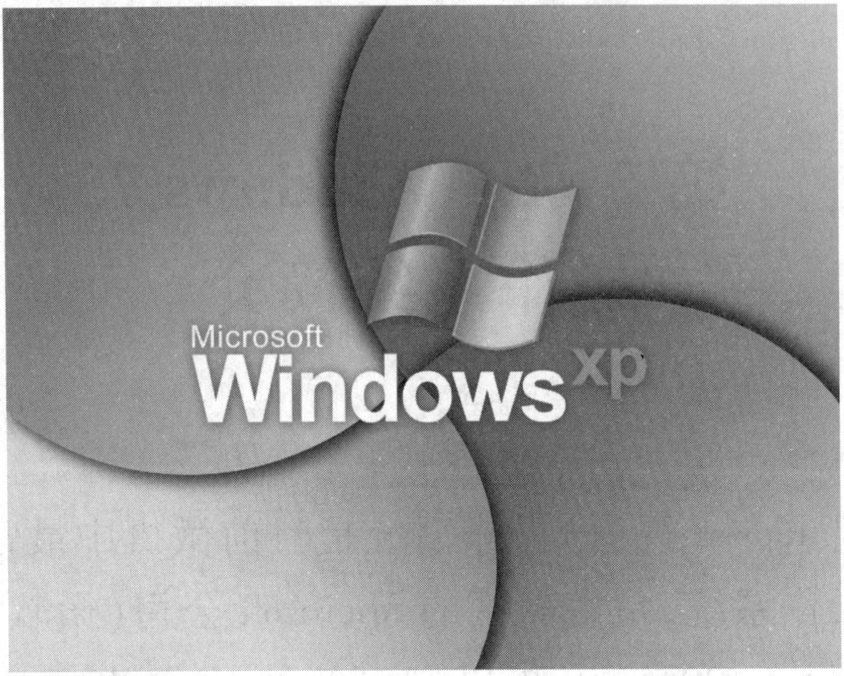

图 2－1　Windows XP 系统

图 2－2　Windows Vista 系统

图 2－3　Windows 7 系统

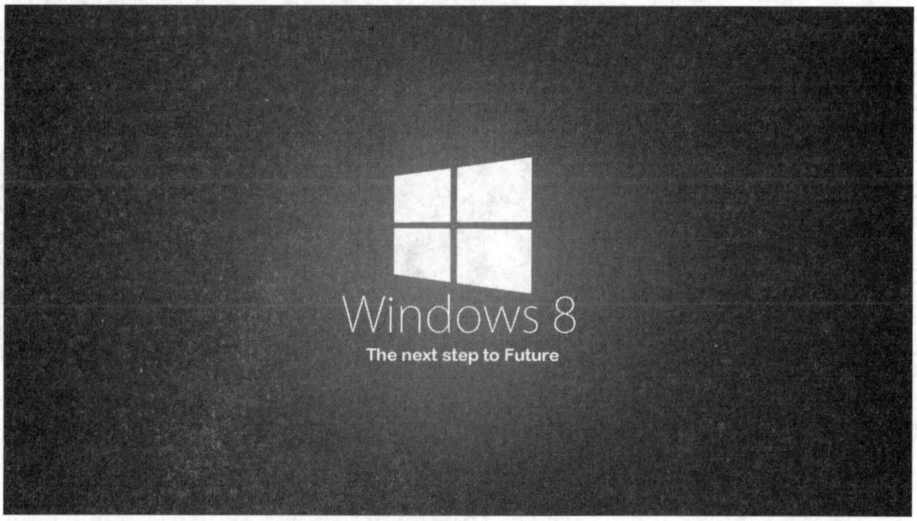

图 2－4　Windows 8 系统

2.1　Windows 7 系统桌面的构成

1. 图标

图标由形象的图形和说明性的文字共同组成，每一个图标都代表一个应用程序(图 2－5)。

2. 背景(墙纸)

背景如图 2－6 所示。

图 2－5　应用程序图标

图 2－6　背景

3. 任务栏

任务栏包括以下几部分：

(1)开始按钮(图 2－7)，即晶莹剔透的 Windows 圆球徽标；

图 2－7　开始按钮

(2)快速启动按钮和活动任务按钮;

(3)通知区域,也称为系统托盘。

2.2　鼠标的基本操作

光标是桌面上的鼠标在计算机屏幕上的映射(图2-8)。

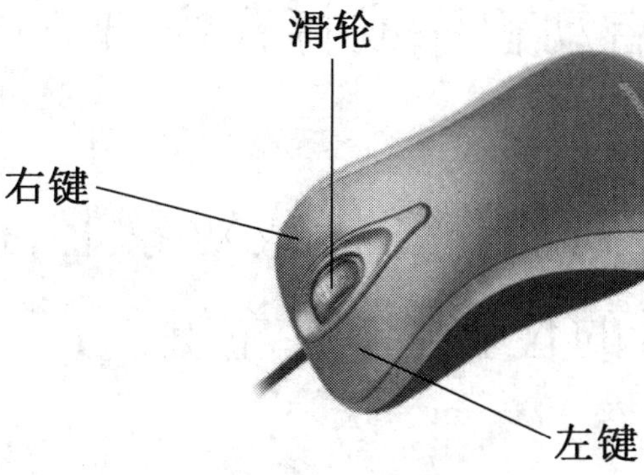

图2-8　鼠标

1. 指向

将光标(也就是“鼠标”)移动到某一图标或对象上,不进行任何操作,一般用于显示该对象的提示信息。

2. 单击左键

将光标移动到某一图标或对象上,按一下左键,用于选取某个图标或对象。

3. 单击右键

将光标移动到某一图标或对象上，按一下右键，用于弹出该对象的“快捷菜单”。

取消“快捷菜单”只需将光标指向桌面空白处，单击左键，即可完成。

4. 双击(左键)

将光标移动到某一图标或对象上，连续按动左键两次，一般用于启动程序或打开窗口。

5. 拖动(左键)

将光标移动到某一图标或对象上，按住左键并且移动鼠标到合适的位置，释放左键。

2.3 窗口的结构

计算机窗口的结构如图 2-9 所示，它包含以下几部分：

1. 窗口边框；

2. 标题栏；

3. 地址栏；

4. 菜单栏(工具栏)；

5. 搜索框；

6. 工作区；

7. 状态栏。

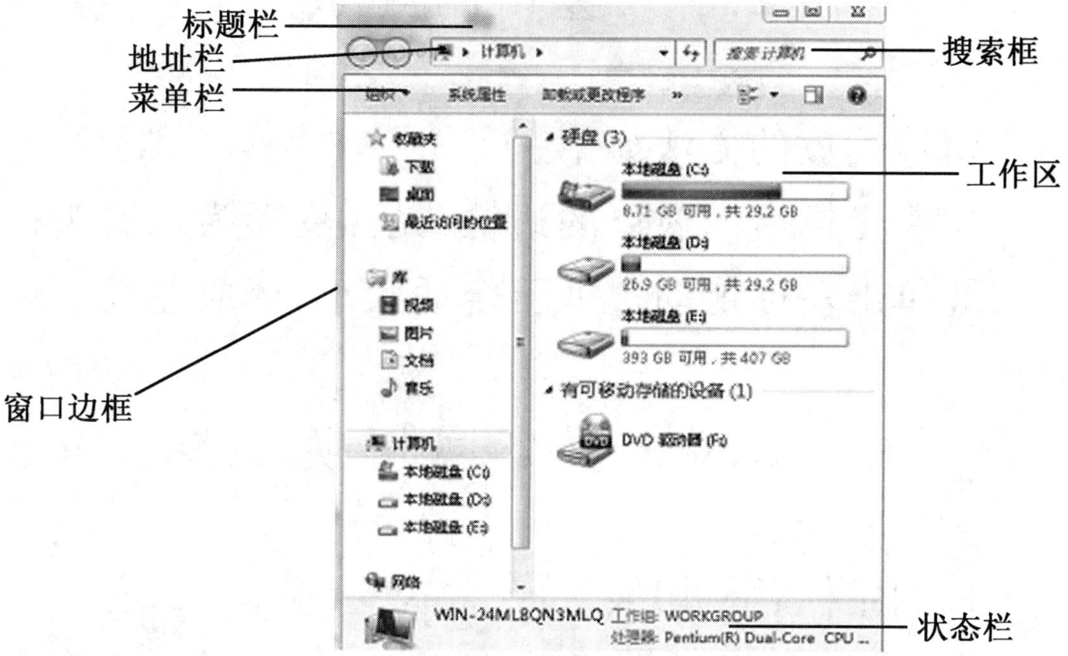

图 2－9　窗口结构

2.4　窗口的移动

窗口移动的方法如下：

1. 将光标指向窗口的标题栏；

2. 单击左键拖动至相应位置后释放左键。

2.5 窗口的缩放

窗口缩放的方法如下：

1. 将光标指向窗口的边框，光标变形为双箭头；

2. 单击左键拖动边框至合适大小，释放左键。

2.6 窗口间切换

1. 利用标题栏切换

(1) 依次打开的两个或多个窗口，用移动窗口的方法让每个窗口的标题栏均可见；

(2) 将光标指向任一窗口的标题栏，单击左键；

(3) 该窗口将显示在桌面的最上层。

2. 利用任务栏中各窗口按钮来切换

(1) 当打开窗口时在任务栏上将出现相应的窗口的活动任务按钮；

(2) 将鼠标移动到任务栏上的活动任务按钮上稍微停留，就可以方便预览各个窗口内容，并单击进行各窗口切换，如图 2－10 所示。

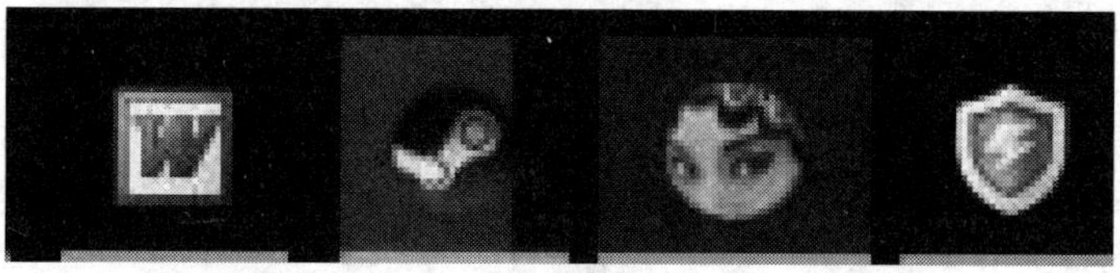

图 2－10　多个窗口间切换

2.7 “开始”按钮简介

将光标指向“开始”按钮并单击左键，将会弹出主菜单。主菜单中包含了对计算机所需的各种操作，现简介如下。

1.“关机”选项

通过右侧的扩展按钮，可以快速让计算机重启、注销、进入睡眠状态，同时也可以进入 Windows 7 的“锁定”状态，以便在临时离开计算机时，保护个人信息，如图 2－11 所示。

（1）睡眠：计算机转入节电状态。

（2）重新启动计算机。

（3）锁定。

（4）注销：用于在不关机的情况下，结束（注销）一个用户的操作。

关闭计算机的过程如下：

（1）关闭桌面上所有的窗口；

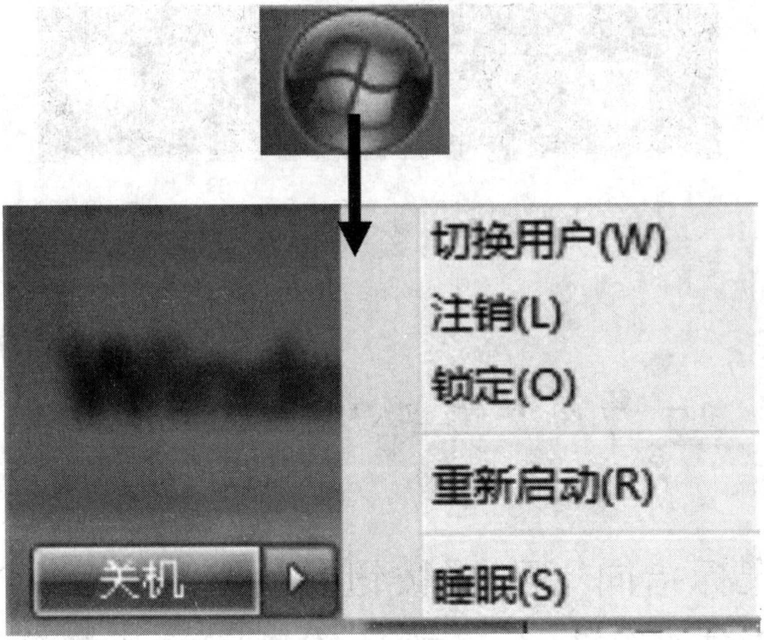

图 2-11　关机选项

(2)将光标指向"开始"按钮,并单击左键,打开主菜单;

(3)将光标指向"关机"选项,单击左键,即可完成。

2. 其他项

(1)搜索

在开始菜单下方的搜索框,可谓是 Windows 7 功能的一大"精华",在其中依次输入"i","n","t"……这时你会发现开始面板中会显示出相关的程序、控制面板项以及文件,且搜索的速度也非常迅速。

(2)“帮助和支持”

用于获取计算机的帮助信息。

(3)设备和打印机

查看和管理设备、打印机等。

(4)控制面板

用于对计算机的软、硬件进行各种设置。

(5)计算机

快速打开计算机窗口进行操作。

(6)文档

用于显示计算机中最新存储的文件名列表,方便寻找。

(7)所有程序

这一选项包含了计算机中全部的应用程序。

第 3 章　键盘及标准指法

3.1　复习 26 个英文字母

26 个英文字母如下表所示：

Aa（诶）	Bb（毕）	Cc（西）	Dd（弟）
Ee（意）	Ff（爱夫）	Gg（记）	Hh（诶吃）
Ii（挨）	Jj（之这）	Kk（开）	Ll（爱欧）
Mm（爱母）	Nn（恩）	Oo（欧）	Pp（批）
Qq（科又）	Rr（啊儿）	Ss（爱思）	Tt（替）
Uu（优）	Vv（微）	Ww（打不溜）	Xx（爱克思）
Yy（歪）	Zz（贼）		

3.2 键盘结构

键盘共分为如下 5 个区，键盘外形如图 3－1 所示。

图 3－1 键盘

1. 功能键区

(1)“Esc”键(退出键)

用于退出某个应用程序的执行。

(2)“F1～F12”12 个功能键

它有两个特点：一是对于不同程序或不同软件，它有不同的功能；二是它一般不单独使用。

2. 主键盘区

(1)“0～9”10 个数字键。

(2)“A～Z”26 个英文字母键。

(3)"Shift"上档键,用于输入键位上档位的字符,如图 3－2 所示。

图 3－2　上档键

(4)"Caps Lock"大小写锁定键,用于转换英文字母的大、小写状态,如图 3－3 所示。当工作指示灯亮时,是英文字母的大写状态;当工作指示灯灭时,是英文字母的小写状态。

图 3－3　大、小写锁定

(5)"Tab"制表键。

(6)"Enter"回车键(执行键、换行键),如图 3－4 所示,其作用是输入一条命令或一段文字后,按回车键 Enter,电脑才会执行该命令或另起一段。

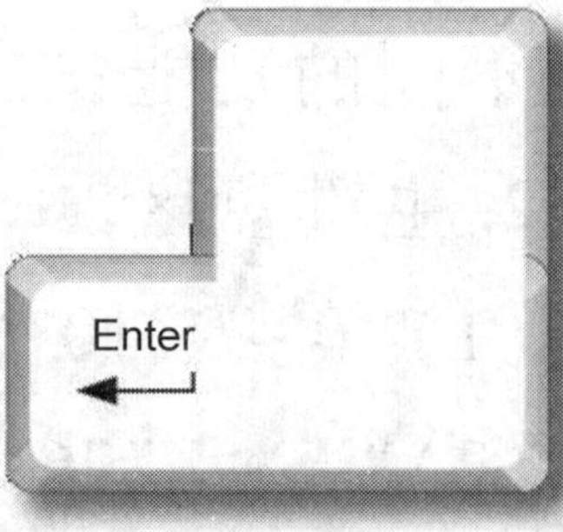

图 3－4　回车键

(7)"←"或"Back Space"

退格键,如图 3-5 所示。每按一下该键,将使光标向前移动一格,同时将光标前的字符删除。

(8)“Space”空格键,每按一下该键,将在文章中生成一个空格位。

(9)“Ctrl”控制键同样具有功能键的两个特点,如图 3-6 所示。

(10)“Alt”转换键同样具有功能键的两个特点,如图 3-7 所示。

(11)“Windows 热键”,如图 3-8 所示。

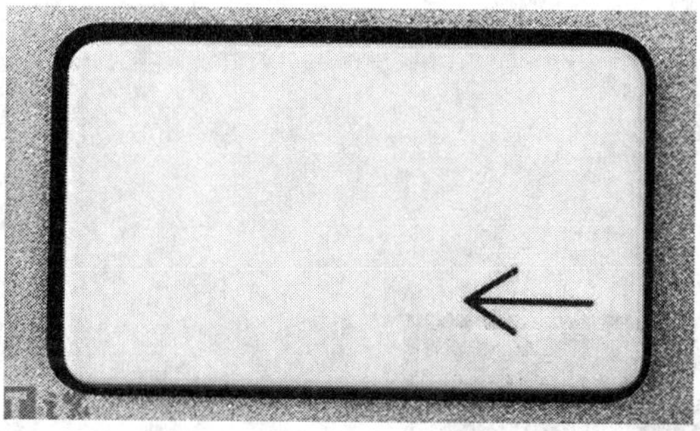

图 3-5 退格键

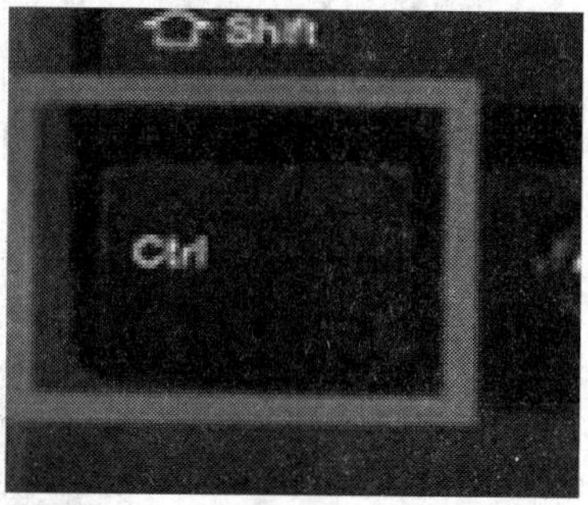

图 3-6 控制键

图 3-7 转换键

图 3-8 Windows 热键

3. 游标控制键区(图3-9)

(1)Print Screen 打印屏显;

(2)Scroll Lock 滚屏锁定键;

(3)Pause 暂停,Break 中断、暂停键;

(4)Insert 插入、改写转换键;

(5)Delete 删除键,每按一下该键,将使光标向后移一格,同时将光标后的字符删除;

(6)Home 可以将光标插入点快速移至行首;

(7)End 可以将光标插入点快速移至行尾;

(8)Page Up 向上翻页;

(9)Page Down 向下翻页;

(10)游标控制键 ↑ ↓ → ←。

图3-9　游标控制键区

4. 数字小键盘区(图 3－10)

5. Num Lock 数字锁定键(图 3－11)

图 3－10 数字小键盘区

图 3－11 数字锁定键

(1)当 Num Lock 数字锁定键工作指示灯亮时，表示可以使用小键盘输入 0～9 十个数字。

(2)当 Num Lock 数字锁定键工作指示灯灭时，表示执行的是键位上下档位英文字母键所代表的功能。(相当于一个游标/控制键区)

6. 指示灯区

(1)Num Lock 数字锁定键工作指示灯；

(2)Caps Lock 大小写锁定键工作指示灯；

(3)Scroll Lock 滚屏锁定键工作指示灯(图 3－12)。

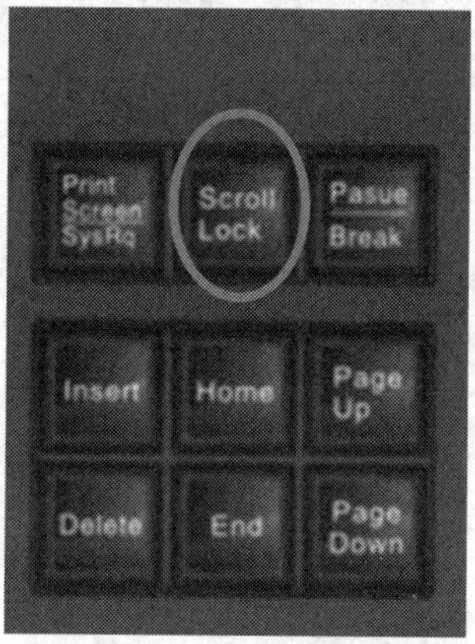

图 3－12 滚屏锁定键

3.3 标准坐姿及标准指法

1. 标准坐姿：挺胸抬头，双手自然放在 8 个基准键位上。

2. 标准指法：8 个基准键如图 3－13、图 3－14 所示。

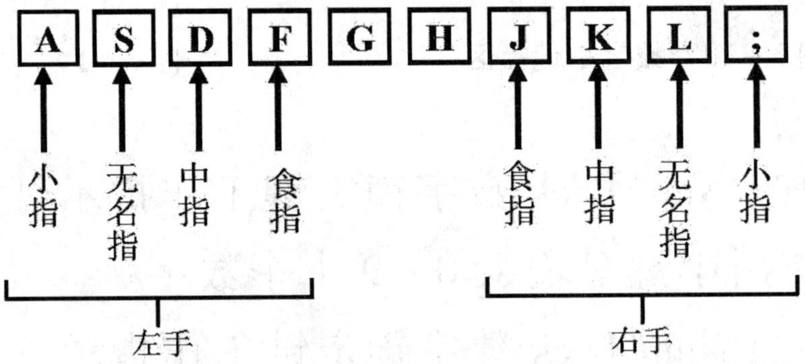

图 3－13　8 个基准键双手指法对应图

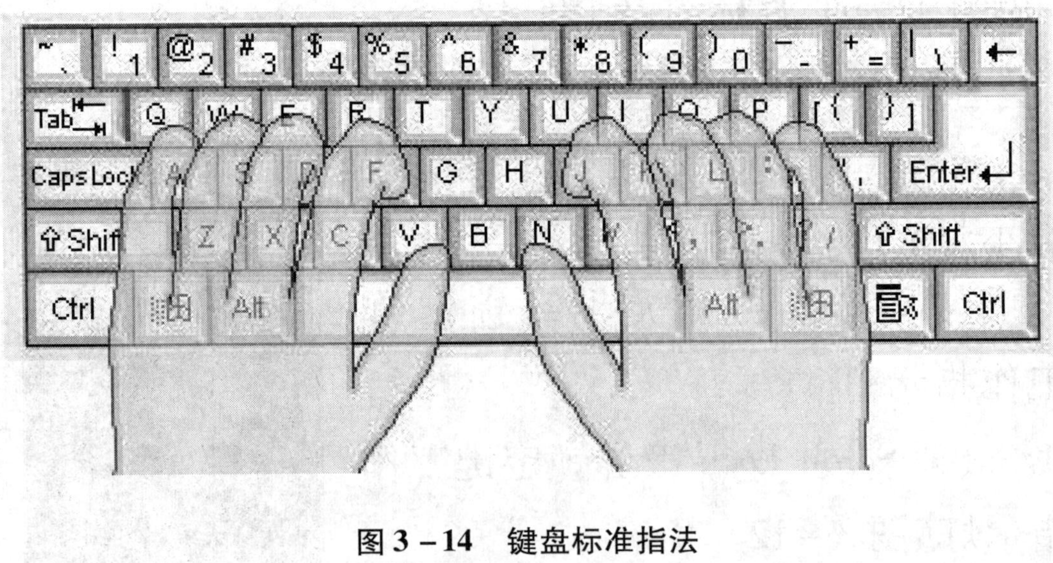

图 3－14　键盘标准指法

3. 进入“记事本”

单击“开始”→“所有程序”→“附件”→“记事本”，单击左键，进入“记事本”窗口。

4. 指法练习

(1)左手指法练习

(2)右手指法练习

第4章　拼音输入法

4.1　输入法简介

输入法是指为将各种符号和文字输入计算机而采用的编码方法。在中国,为了将汉字输入计算机则需要中文输入法。

本章以搜狗拼音输入法为例介绍汉字的输入方法。

4.2　复习汉语拼音

汉语拼音如4－1及表4－2所示。

表4－1　韵母表

a	o	e	i	u	ü
ai	ei	ui	ao	ou	iu
ie	üe	er	an	en	in
un	ün	ang	eng	ing	ong

表4-2　声母表

b	p	m	f	d
t	n	l	g	k
h	j	q	x	zh
ch	sh	r	z	c
s	y	w		

4.3　汉字输入法状态条

1. 如何输入汉字

(1)将光标依次指向“开始”按钮→“所有程序”→“附件”→“记事本”选项,单击左键,进入记事本窗口。

(2)将光标指向桌面右下角的“系统托盘”中的“中文(简体)”按钮,单击左键。

(3)在弹开的“输入法选择”菜单中,选取“搜狗拼音输入法”。

(4)“”按钮变为“S”字按钮,同时弹出输入法状态条,即进入了搜狗拼音输入状态。

2. 详解“输入法状态条”

(1)“S”输入法指示按钮,表明现执行的输入法。

(2)中英文转换按钮：

①处于“中”状态时，为中文输入状态；

②处于“英”状态时，为小写英文输入状态。

(3)全角、半角转换按钮：

①全角模式时，输入一个字符占用两个字符的位置；

②半角模式时，输入一个字符占用一个字符的位置。

(4)中英文标点符号转换按钮

(5)软键盘开关按钮

3. 打字练习

进入“记事本”窗口，练习如下：英文字母输入和中文拼写。

ji suan ji zai ri chang sheng huo zhong de ying yong
计算机在日常生活中的应用

sui zhe xian dai ke xue ji shu de xun meng fa zhan xin zhi shi xin
随着现代科学技术的讯猛发展，新知识、新

ji shu ceng chu bu qiong ri xin yue yi qi zhong zui ju dai biao xing de shi
技术层出不穷，日新月异，其中最具代表性的是

wei xing ji suan ji de chu xian ying yong yu pu ji
微型计算机的出现、应用与普及。

第5章　记事本的应用

5.1　记事本简介

记事本是用来创建简单文档的文本编辑器。记事本常用来编辑、保存一些简单的文本文件,它所支持的文本容量不能太大,所以它占用的空间也非常小。

1. 打开记事本的方法

单击“开始”→“所有程序”→“附件”→“记事本”,单击左键,进入记事本窗口。

2. 窗口的组成

(1)标题栏;

(2)菜单栏;

(3)工作区。

3. 快速定位光标插入点(图5-1)

【方法一】　将“工”字符(也就是“光标”)指向某位置后单击左键,光标插入点就被定位在该位置。

【方法二】 利用“游标控制键区”的→,←,↑,↓的箭头,可以在文章中移动光标插入点。

图5-1 光标定位

4. 如何整理文章结构

用退格键、空格键和回车键三个按键来整理文章结构。

5. 在文章中添加文字

(1)将光标插入点单击左键定位在要插入文字的位置。

(2)直接输入文字即可。

6. 在文章中删除文字

(1)用“退格键”(Back Space)删除文字

将光标定位在要删除文字的后边,按退格键。

(2)用“删除键”(Delete)删除文字

将光标插入点定位在要删除文字的前边,按动删除键。

7. 在文章中改写文字

(1)将“工”字符指向要改写的文字,双击左键,将该字变为蓝色的反显示。

(2)直接输入要改写的文字即可。

8. 复制文字

(1)单击左键拖动将要复制的文字变为蓝色的反显示,选中要复制的文字。

(2)将光标指向记事本窗口内的空白处,单击右键,打开快捷菜单,选中“复制”选项,单击左键。

(3)将光标插入点定位在相应位置。

(4)再次单击右键,打开快捷菜单,选中“粘贴”选项,单击左键即可。

9. 移动文字

(1)单击左键拖动将要复制的文字变为蓝色的反显示,选中要复制的文字。

(2)将光标指向记事本窗口内的空白处,单击右键,打开快捷菜单,选中“剪切”选项,单击左键。

(3)将光标插入点定位在相应位置。

(4)再次单击右键,打开快捷菜单,选中“粘贴”选项,单击左键即可。

10. 快捷菜单中的其他选项

(1)“删除”选项:删除选中的一段文字。

①单击左键拖动将要删除的文字变为蓝色的反显示,选中要删除的文字内容。

②单击右键,选择“删除”选项,单击左键,即可将选中的文字删除。

(2)“撤销”选项:撤销上一步操作。

(3)“全选”选项:将文章全部选中。

5.2 “菜单栏”中“编辑”按钮的使用

菜单栏中“编辑”按钮下的撤销、剪切、复制、粘贴、删除、全选按钮的操作方法与快捷菜单中的操作完全相同,下面介绍其他按钮。

1. 查找按钮

作用:可以查找文章中的文字或字符。

(1)单击左键将光标插入点定位在行首。

(2)将光标依次指向“菜单栏”→“编辑”→“查找”选项,单击左键。

(3)在打开的“查找”窗口中,输入需要查找的文章内容,例如“的”。

(4)最后,单击“查找下一个”按钮。

2. “查找下一个”按钮

作用:与“查找”窗口中的“查找下一个”按钮作用相同。

3.“替换”按钮

作用:在文章中找到汉字或字符,并将其替换成新的内容。

(1)将光标插入点定位在行首后,将光标指向菜单栏→“编辑”→“替换”按钮,单击左键。

(2)在打开的“替换”对话框中,在“查找内容”框中输入要查找的原有文章内容,在“替换为”框中输入替换后新的文本内容。

(3) 最后,单击“替换”按钮。

4.“时间和日期”按钮

作用:可以在光标处添加当前的时间和日期。

(1)光标插入点定位。

(2)将光标指向菜单栏→“编辑”→“时间和日期”按钮,单击左键即可。

5.3 “菜单栏”中“格式”按钮的使用

1.“自动换行”按钮

作用:可以自动完成换行的工作。

将光标依次指向菜单栏中的“格式”→“自动换

行”按钮,单击左键,使其前面打上“√”。

(1)当“自动换行”选项前面有“√”时,表明处于自动换行状态。

(2)当“自动换行”选项前面没有“√”时,表明处于非自动换行状态。

2.“设置字体”按钮

作用:可以设置汉字的字体、大小、样式等内容。

(1)将光标依次指向“菜单栏”→“格式”→“字体”按钮,单击左键。

(2)在打开的“字体”窗口中,可以分别对文字的字体、大小、样式等内容进行设置,并可以在“示例框”中预览设置的效果。

(3)最后,单击“确定”按钮。

5.4 “菜单栏”中“文件”按钮的使用

1.“保存”选项

作用:将已编辑的文章保存在磁盘中。

(1)将光标指向“文件”→“保存”选项,单击左键。

(2)在打开的“另存为”对话框中,用退格键删除文件名框中的“. txt”几个英文字母,并输入文件名。

(3)单击“保存”按钮。

2.“新建”选项

作用:打开(新建)一个全新的记事本窗口。

(1)将光标依次指向菜单栏中的“文件”按钮,单击左键。

(2)在打开的下拉菜单中,选取“新建”选项,单击左键,即可打开(新建)一个全新的记事本窗口。

3.“打开”选项

作用:打开一个已存盘的文件。

(1)将光标依次指向菜单栏中的“文件”→“打开”选项,单击左键。

(2)在弹出的“打开”窗口中,将光标指向候选框中所要打开的文件名,单击左键选中。

(3)单击窗口中的“打开”按钮。

4.“另存为”选项

作用:在原有的文章中进行修改或不做修改,然后以另外一个文件名存盘。

(1)将光标指向“文件”按钮,单击左键,打开下拉菜单并选中“另存为”选项,单击左键。

(2)在打开的“另存为”对话框中,用退格键删除文件名框中原有的文件名,并输入新的文件名。

(3)单击“保存”按钮。

5.“页面设置”选项

“页面设置”选项包括以下几个选项:

(1)纸张大小。

(2)纸张来源,包括自动供纸器和传纸器两种。

(3)纸张方向,包括横向和纵向两种。

(4)页边距,包括上、下、左、右的页面边距。

6.“打印”选项

作用:指挥打印机完成打印的工作。

7.“退出”选项

作用:用于退出操作,关闭窗口。

作用与窗口标题栏上的关闭按钮“ × ”完全相同。

5.5 “菜单栏”中“帮助”按钮的使用

(1)查看帮助:帮助相当于记事本的电子说明书,详细介绍其使用操作。

(2)关于记事本:显示软件版本以及更新内容。

第6章　如何装饰环境

6.1　创建快捷图标

创建快捷图标的方法如下：

(1)将光标指向“开始”按钮(图6－1),单击左键,弹出主菜单。

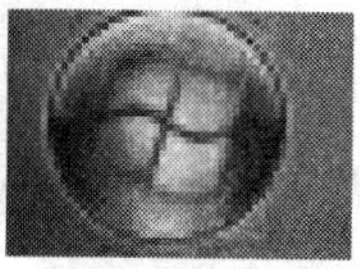

图6－1
“开始”按钮

(2)在弹出的主菜单中,将光标依次指向“所有程序”选项(图6－2),在“附件”中点击将要在桌面上设置为快捷图标的程序(“以写字板或记事本”图标为例,见图6－3)

(3)单击右键将其拖动至桌面的空白处释放。

(4)在弹出的快捷菜单中选取“复制到当前位置”选项(图6－4),单击左键,即可完成。

图 6－2 “所有程序”选项

图 6－3 写字板快捷图标设置

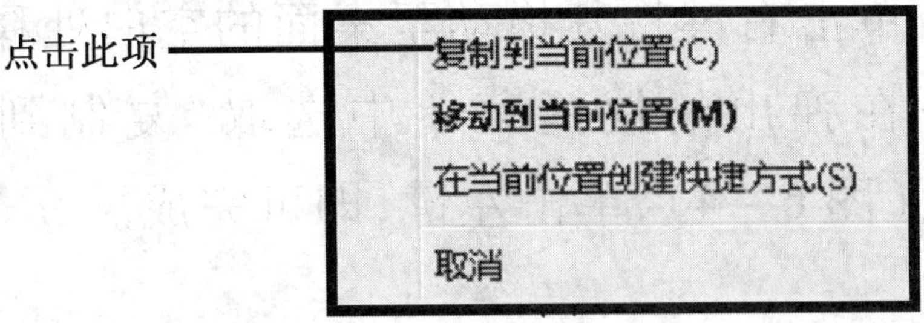

图 6－4 复制到当前位置选项

6.2　删除快捷图标

【方法 1】　将光标指向要删除的图标，单击左键将该图标拖动至“回收站”即可。

【方法 2】　将光标指向要删除的图标，单击右键，在弹出的快捷菜单中，选取“删除”选项。

6.3　图标的排列

1. 手动排列

利用鼠标拖动图标的方式一个个排列图标。

2. 自动排列

(1)将光标指向桌面的空白处，单击右键，在弹出的快捷菜单中选取“排序方式”选项。

(2)在出现的子菜单中，可以选取以下几种方式对图标的位置进行排列(图 6－5)：

①按名称；

②按项目类型；

③按大小；

④按修改日期。

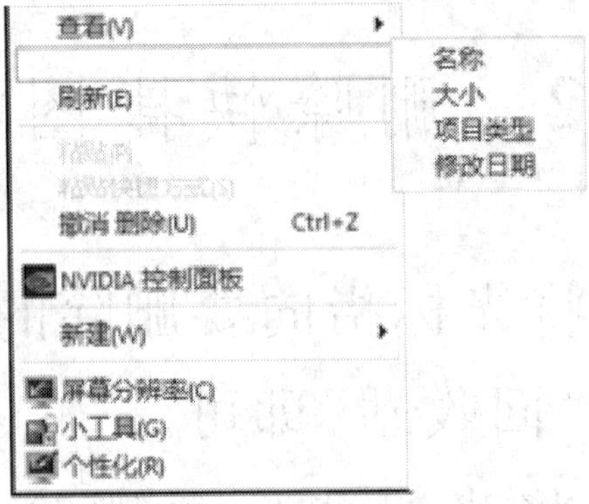

图 6－5 排序方式菜单

6.4 修改图标的名称

【方法 1】 (1)选取一种合适的汉字输入方法。

(2)将光标指向要修改名称的图标,单击右键。

(3)在弹出的快捷菜单中选取“重命名”选项,单击左键。

(4)用“退格键”将原有的图标名称删除,然后输入新的图标名称。

(5)将光标指向桌面的空白处,单击左键,即可完成操作。

【方法 2】 (1)选取一种合适的汉字输入方法。

(2)将光标指向要修改名称的图标,单击左键两次(两次单击的中间要有一定的时间间隔,并且第二次单击时,光标要在图标的名称上)。

(3)用“退格键”将原有的图标名称删除,然后输入新的图标名称。

(4)将光标指向桌面的空白处,单击左键,即可完成操作。

6.5　设置背景颜色(墙纸)

1. 将光标指向桌面的空白处,单击右键。

2. 在弹出的快捷菜单中,选取“个性化”选项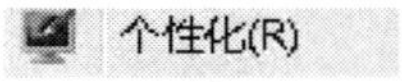

,单击左键。

3. 在弹出的窗口中,首先单击下侧的“桌面背景”选项卡(图6－6)。

图6－6　“桌面背景”选项卡

4. 在出现的窗口中找到“背景”候选框(图6－7),单击选取墙纸图案。

图6－7　“背景”候选框

5. 最后,单击窗口中的“保存修改”按钮即可。

6.6 设置“屏幕保护程序”

1. 将光标指向桌面的空白处，单击右键。

2. 在弹出的快捷菜单中，选取“个性化”选项，单击左键。

3. 在弹出的窗口中，单击下侧的“屏幕保护程序”选项卡，如图 6－8 所示。

图 6－8 屏幕保护程序选项卡

4. 在出现的“屏保”窗口中，单击“屏幕保护程序”候选框，选取喜欢的“屏保”程序，并设置等待的时间（图 6－9）。

5. 最后，单击窗口中的“确定”按钮。

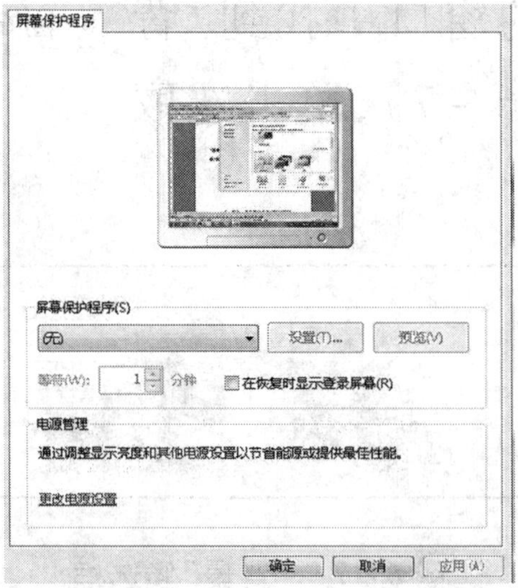

图 6－9 屏幕保护程序设置

6.7　设置外观(窗口颜色)

1. 将光标指向桌面的空白处,单击右键。

2. 在弹出的快捷菜单中,选取“个性化”选项,单击左键。

3. 在弹出的窗口中,单击选取下侧的“窗口颜色”选项卡(图 6－10)。

4. 在出现的“更改窗口边框、[开始]菜单和任务栏的颜色”的窗口中,单击选取喜欢的颜色样式,并在窗口中直接预览效果,如图 6－11 所示。

图 6－10　“窗口颜色”选项卡

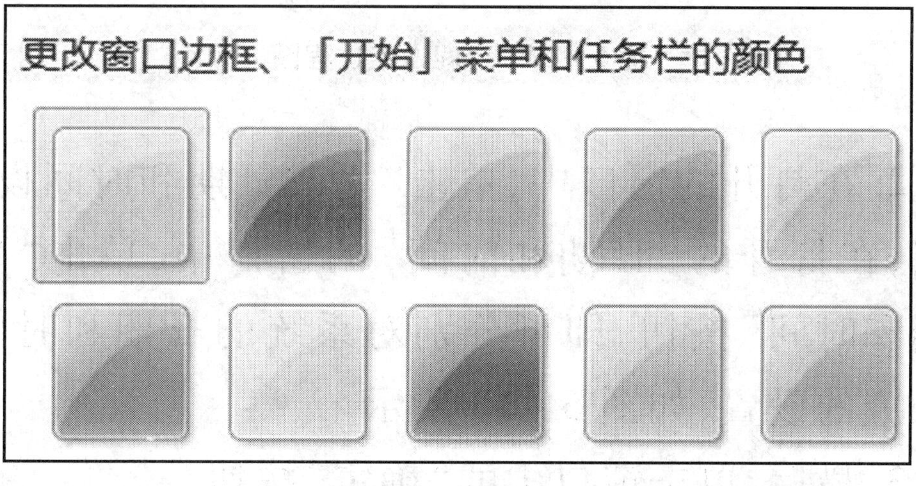

图 6－11　更改窗口边框、「开始」菜单和任务栏的颜色窗口

5. 最后，单击窗口中的“保存修改”

按钮。

6.8 设定系统的日期和时间

1. 将光标指向“系统托盘”中的时间，单击左键，如图 6－12 所示。

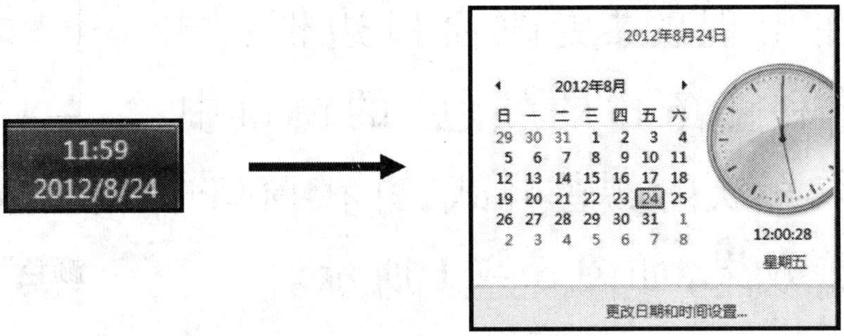

图 6－12　时间设定过程图

2. 在打开的窗口中，单击“更改日期和时间设置”按钮，在打开的“日期和时间”的窗口中，单击“更改日期和时间”按钮，即可分别对系统的日期和时间进行相应的设置，如图 6－13 所示。

3. 最后，单击窗口中的“确定”按钮。

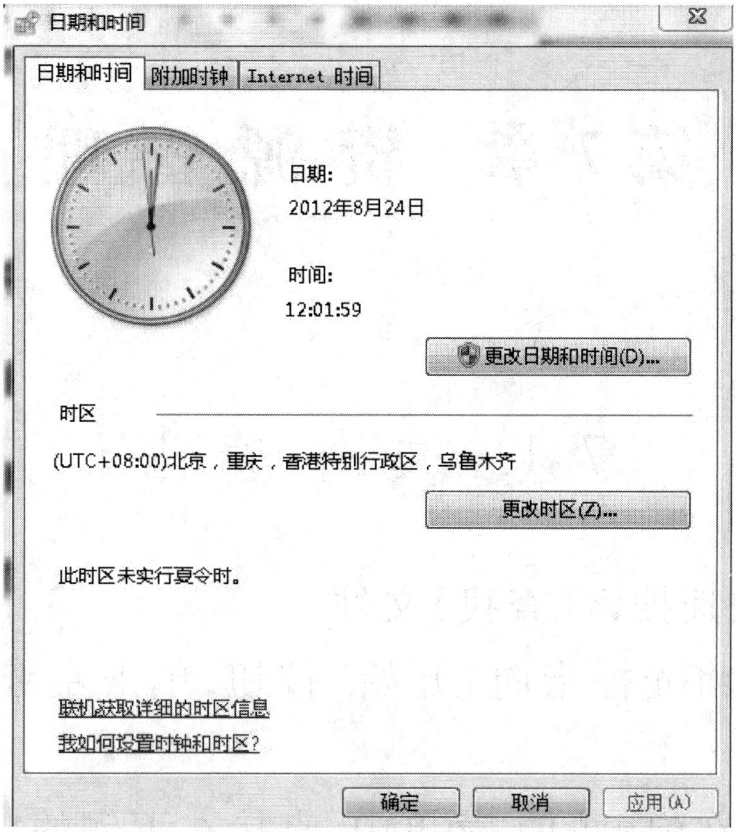

图 6－13　日期和时间设置

第7章　资源管理

7.1　文件管理

1. 快速搜索(查找)文件

(1)将光标指向“开始”按钮,单击左键,弹出主菜单。

(2)在弹出的主菜单中,直接在下侧的“搜索框”内输入要查找的文件名称或软件名,然后单击“搜索”(图7-1)。

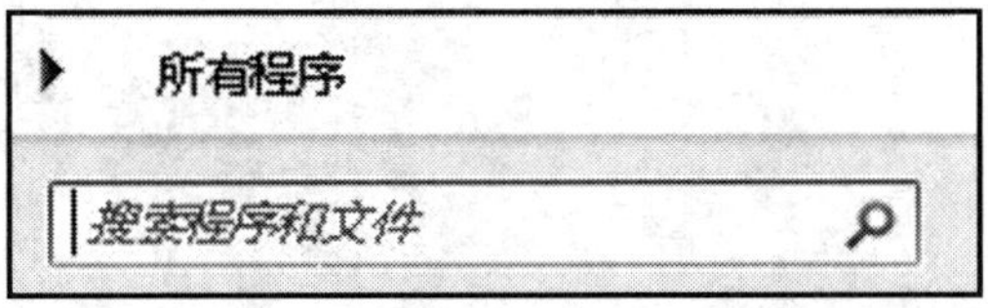

图7-1　搜索框

(3)查找结果将显示在上侧的候选框中。

(4)如想查看“查找”出文件的详细内容,可将光标指向要查看的文件名,单击左键即可。

2. 恢复被删除的图标

【方法1】　(1)将光标指向“回收站”图标,双击弹出窗口。

(2)将光标指向要恢复的文件,单击左键选中,使其变成蓝色的反显示。

(3)单击选取上侧菜单栏中的“还原此项目”按钮

,即可完成。

【方法2】　(1)将光标指向“回收站”图标,双击弹出窗口。

(2)将光标依次指向要恢复的文件,单击右键,在弹出的快捷菜单中,选取“还原”,单击左键,即可完成。

3. 如何删除和恢复“我的文档”中的文件

(1)删除的过程

【方法1】　①将光标指向桌面上“Administrator”用户图标(图7-2),双击左键,在打开的窗口中,双击“我的文档”图标,打开“我的文档”窗口。

图7-2　用户图标

②在打开的窗口中,找到要删除的文件,单击右键,在打开的快捷菜单中,选取“删除”,单击左键。

【方法2】 ①与删除过程的方法1的步骤①完全相同。

②将光标依次指向“菜单栏”→“组织”→“删除”选项,单击左键,即可完成。

(2)恢复的过程

恢复文件的过程与恢复被删除的图标方法相同。

7.2 U盘管理

1. 对U盘的操作

(1)插入U盘

只需要把U盘插在USB接口上,电脑会自动检测到U盘,并且在屏幕右下角出现添加硬件图标,自动检测到可移动磁盘。在“计算机”里面找到“可移动磁盘”盘符,单击右键选取“打开”(可以避免U盘里的病毒自动播放),就可以使用了。

(2)取出U盘

使用完毕,在右下角的“任务托盘”可以找到一个绿色的箭头图标,把鼠标移动到上面会出现“删除可移动磁盘”字样。单击这些字,然后弹出“磁盘已经安全删除”,绿色箭头消失,即可以USB上取下U盘了。

2. U 盘格式化

(1)格式化 U 盘的目的(为什么要对 U 盘进行格式化)

①新 U 盘需要进行格式化。

②使用过的 U 盘,例如,有损坏区域的 U 盘、所有文件已没用的 U 盘、对于感染了病毒却无法清除的 U 盘必须进行格式化。

(2)方法

①把 U 盘插在主机箱下侧的 USB 接口上,电脑会自动检测到 U 盘。

②将光标指向桌面上“计算机”图标,双击左键,打开“计算机”窗口。

③在打开的“计算机”窗口中,双击“可移动磁盘”图标,进入 U 盘窗口,查看磁盘目录,确认格式化。

④单击上侧“工具栏”中的第一个“后退”按钮,返回到“计算机”窗口中,将光标指向“可移动磁盘”图标,单击右键。

⑤在弹出的快捷菜单中,选取“格式化”选项,单击左键,弹出“格式化”窗口。

⑥在打开的窗口中,需要确定如下信息:

a. 容量、文件系统不做更改,使用默认设置即可。

b. 卷标项可以输入自己的名字,如“杨柳”。

c. 格式化选项，指向“快速格式化”，单击左键使其前面打上“√”。

⑦最后，单击“开始”按钮。

3. 将电脑中的文件保存到U盘里

将光标指向要保存的文件、文件夹、图片、音乐、电影等图标上，点击右键→“发送到”→“可移动磁盘”，单击左键即可完成。

4. 将U盘中的文件再存至电脑里进行备份

（1）U盘连接成功后，双击“计算机”，再双击“可移动磁盘”或是标有自己名字的U盘图标，打开U盘。

（2）将光标指向要备份至电脑中的文件，单击左键将其拖动至电脑桌面即可完成。

5. 查看U盘的空间容量

在桌面上双击“计算机”，找到“可移动磁盘”或标有自己名字的U盘图标，单击右键，指向“属性”，单击左键，即可查看具体数字及扇面图。

第8章　网络的基本知识

8.1　什么是计算机网络

计算机网络是指由若干台计算机通过专用连接及程序组成的可以实现资源共享的计算机联盟。

8.2　上网的途径

1. 电话线上网。
2. DDN、ISDN 专线上网。
3. 宽带网络。

8.3　上网所需设备

1. 硬件(图8－1)

(1)一台计算机(或机顶盒)；

(2)一部电话;

(3)一部调制解调器,Modem 俗称“猫”。

“猫”的作用:将电话线所传输的信息内容转化为计算机可识别的数据。

“猫”的分类:分为内置“猫”和外置“猫”两种。

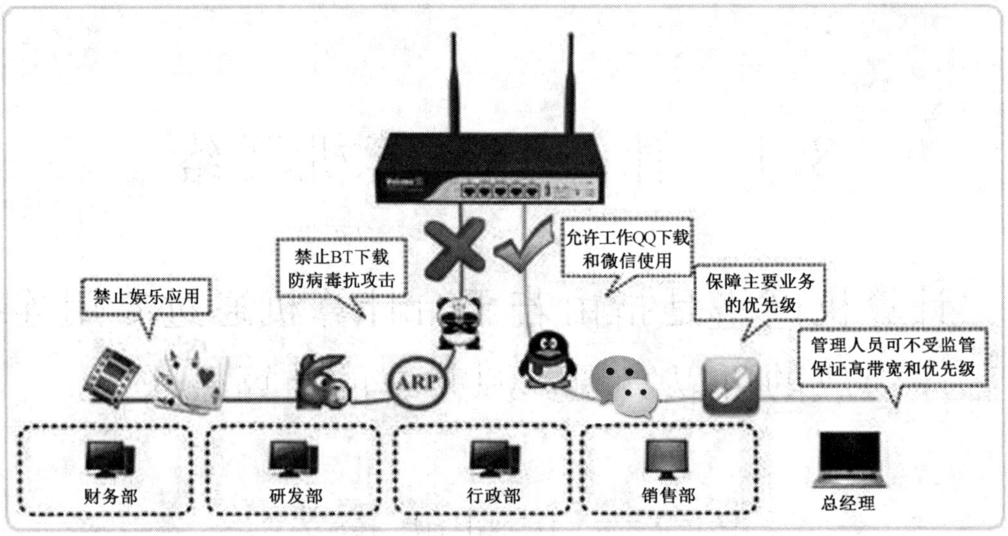

图 8-1 计算机网络

2. 所需软件(也就是上网账号)

获得上网账号的途径有:通过网络服务商获得上网账号(图 8-2)。

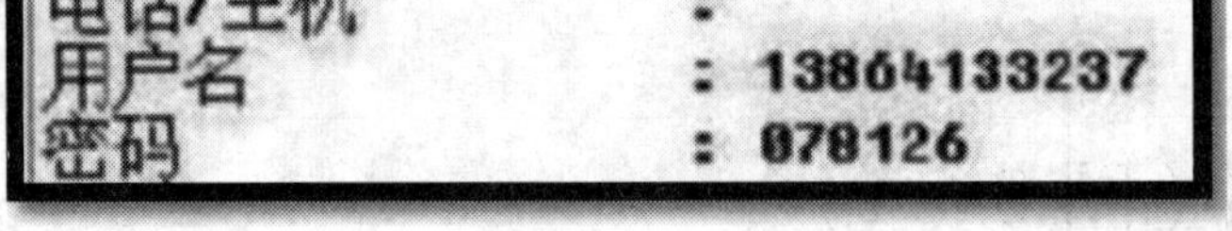

图 8-2 上网账号

第 9 章　浏览万维网(上网)

9.1　概　　述

1. IE 浏览器

IE 浏览器在桌面上是蓝色或绿色的“e”图标,如图 9 - 1 所示。

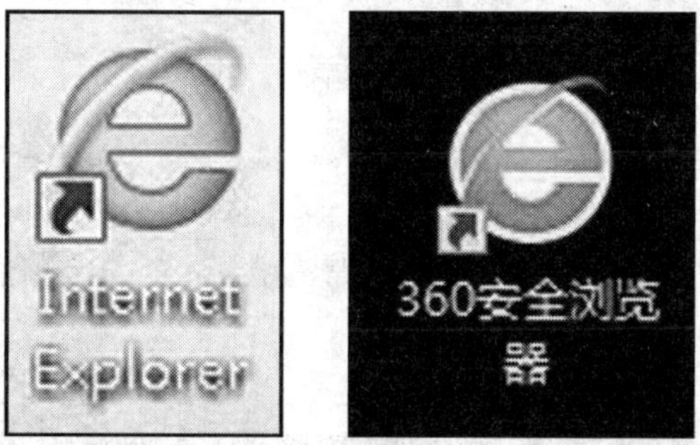

(a)　　(b)

图 9 - 1　IE 浏览器图标

作用:可以帮助浏览网络,它是上网的工具。与网络建立连接后,可通过 IE 上网。

2. IE 窗口的组成(图 9 - 2)

(1)标题栏;

(2)菜单栏;

(3)工具栏;

(4)地址栏(可以输入要登录的网站地址);

(5)工作区(也可以称为浏览区);

(6)状态栏。

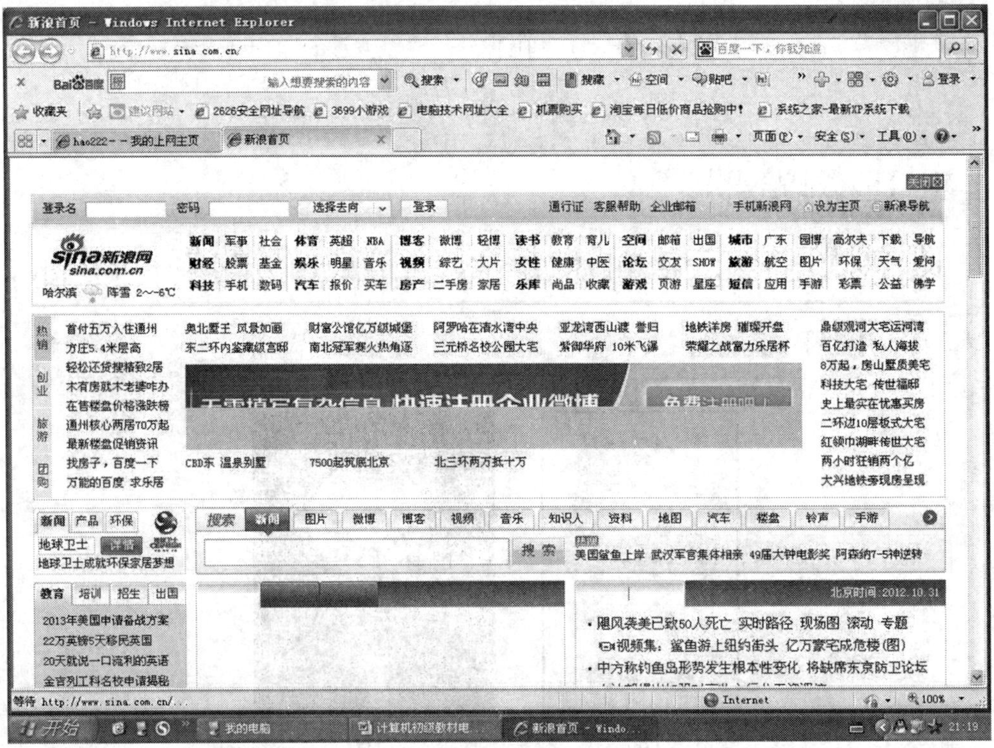

图 9－2　IE 浏览器窗口

9.2　上 网 操 作

1. 如何浏览网页

（1）双击桌面上的蓝色“e”图标，打开“IE”浏览器的窗口。

（2）首先在窗口的地址栏内输入要登录的相应网址，然后按回车键即可浏览网页，图 9－3 是新浪网首页截图。

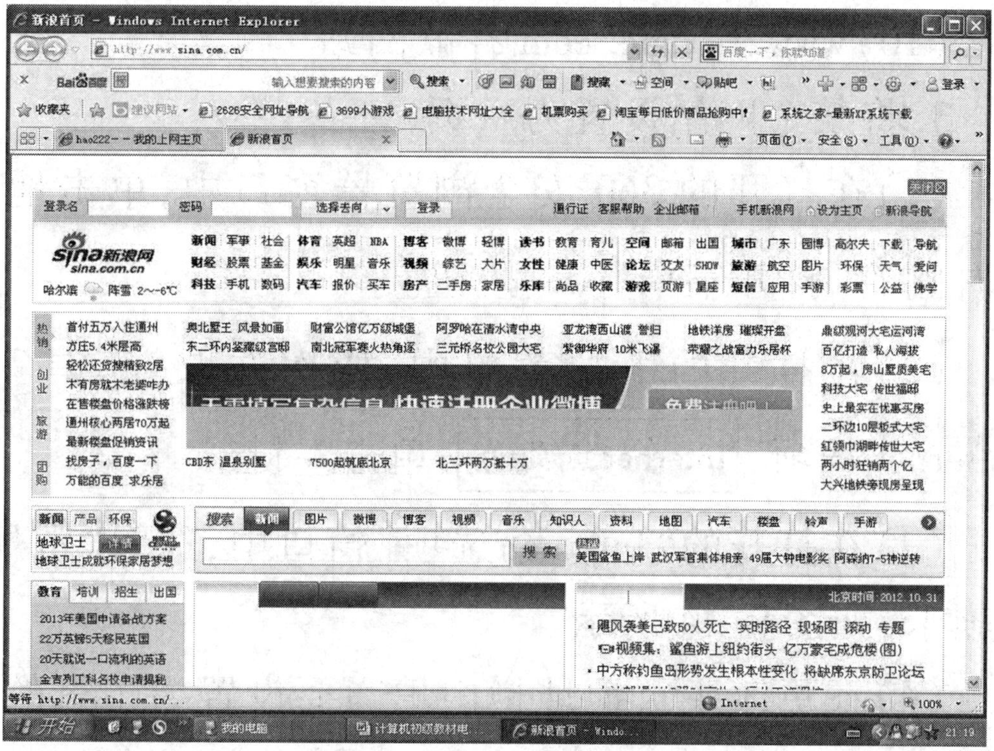

图 9－3　新浪网首页截图

2. 几个常用网址

(1) www. cctv. com 央视国际网站

(2) www. sina. com. cn 新浪网站

(3) www. sohu. com 搜狐网站

(4) www. yahoo. com. cn 雅虎网站

(5) www. 163. com 广州网易 163 网站

(6) www. hljtv. com 黑龙江电视台

(7) www. baidu. com 百度网站

(8) www. hao123. com 网址之家网站

(9) www. 7999. com 网址大全

(10) www. Google. com 谷歌网站

3. 将某个网站设置为主页

(1)在打开的 360 安全浏览器窗口中,单击地址栏右侧的“打开菜单” ≡ 按钮。

(2)在打开的下拉菜单中,依次选取“工具”→“Internet 选项” Internet 选项(O) ,单击左键。

(3)在打开的“Internet 选项”窗口中,选取“常规”选项卡,如图 9-4 所示。

(4)在更改主页地址栏内填写要设置为主页的地址,如:www. hao123. com(“网址之家网站”为例)。

(5)单击“确定”。

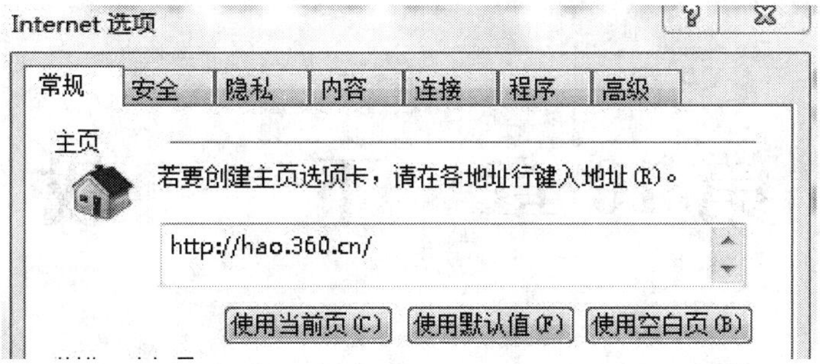

图 9－4　Internet 选项

4. 收藏夹的使用

可以将经常浏览的网站添加到收藏夹中，方便随时自动登录网站。

（1）打开 IE 浏览器，在地址栏中输入 www. cntv. cn，按回车键。

（2）打开主页以后，点击“工具栏”中的“收藏夹”

按钮，在左侧打开一个小窗口。

（3）点击“添加”按钮，在出现的第二个窗口中点击“确定”完成，如图 9－5 所示。

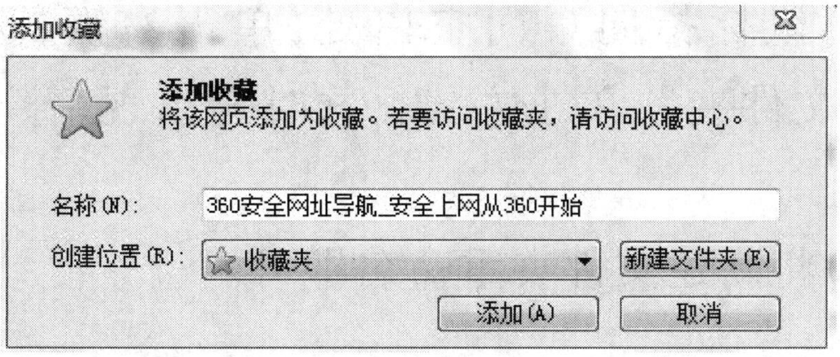

图 9－5　添加收藏窗口

第10章　下　　载

10.1　概　　述

1. 什么叫作下载

下载就是将网络中的文件复制到自己计算机上的过程。

2. 新建文件夹

文件夹用来保存各种“应用程序或文件”，例如，歌曲、电影、游戏、图片、应用软件等。文件夹只能在“桌面”和“盘符”内建立。在桌面新建文件夹的方法如下：

（1）鼠标指向桌面空白处，单击右键，选取“新建”→“文件夹”，单击左键。这时会出现新建的黄色文件夹。

（2）将新建文件夹重命名即可。

10.2 下载操作

1. 从网络中下载文件(以下载新闻为例)

(1)打开需要保存的网页。

(2)单击选择一条想保存的新闻标题。

(3)点击这一“新闻标题”后,会显示详细内容文字。用拖动的方法拖选整篇文章,文章变成蓝色文本框,如图 10 - 1 所示。

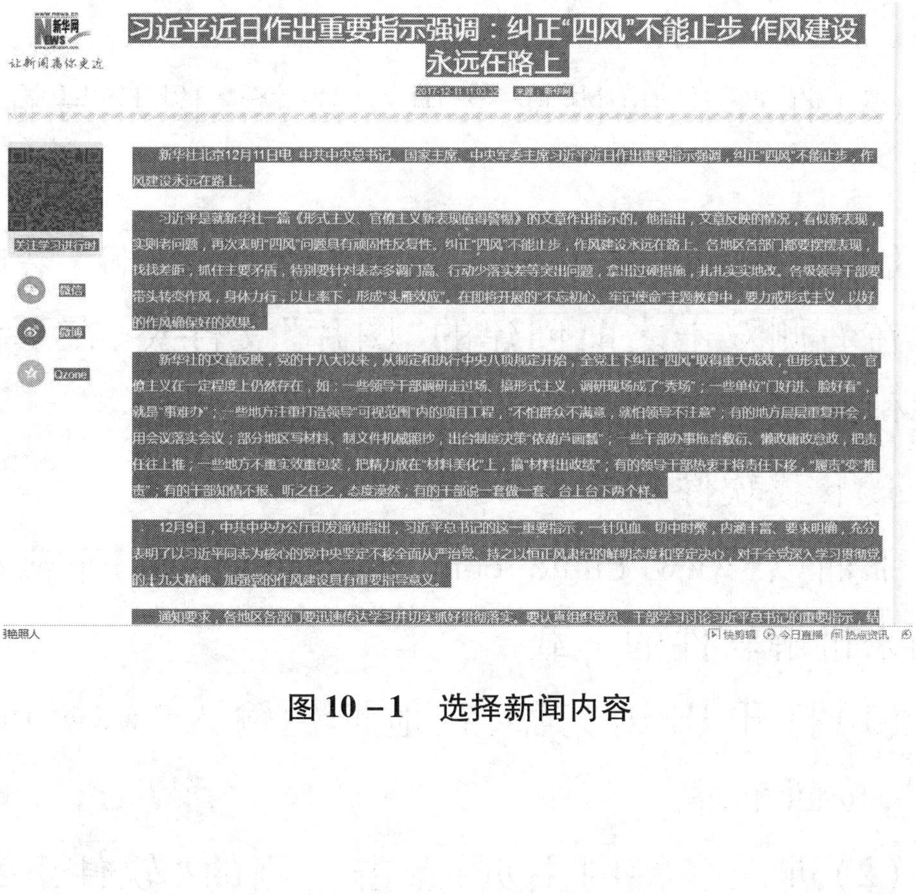

图 10 - 1　选择新闻内容

(4)鼠标指向文章蓝色部分,单击“右键”选择复制,单击左键。

(5)双击桌面上蓝色的“W”图标,打开“Word”,在窗口的空白处单击右键,选择“粘贴”。

(6)单击上侧的“保存”按钮,在打开的窗口中,首先单击左侧的“桌面”,然后在右侧双击之前创建的“新闻”文件夹,,然后直接单击“保存”即可完成。

2. 下载网页中的图片

(1)打开含有所需要图片的网页。

(2)将光标指向所要保存的放大后的图片,单击右键。

(3)在弹出的快捷菜单中选择“图片另存为”选项。

(4)打开“保存窗口”,首先单击左侧的“桌面”,然后在右侧双击之前创建的“图片”文件夹,在下侧输入文件名,最后点击“保存”即可完成。

3. 下载软件

下面以“www. duote. com”(多特软件站)下载软件为例来讲解软件的下载。

(1)打开 IE 浏览器,在地址栏输入“www. duote. com”,按回车键。

(2)进入多特网主页,点击上侧的“软件下载”,

如图 10 - 2 所示，然后用鼠标滑轮向下滑动找到“暴风影音”，点击右侧的“安全下载”字样。

图 10 - 2　多特网软件下载页面截图

(3)在打开的窗口中，用鼠标滑轮向下滑动找到下载地址(如“华南电信下载”“华北网通下载”的字样)，找一个地名，单击，这时会弹出“新建任务”窗口，点击右下角的“浏览”或“一个黄色文件夹”的标志，弹出“浏览文件夹”窗口。

(4)双击选择“桌面”→双击“软件”，点击“确定”。

(5)最后点击“立即下载”即可。

4. 安装暴风影音软件

(1)双击桌面上的“软件”文件夹，双击下载下来的程序图标(如 baofeng5)。

(2)自动进行安装，完毕后桌面会出现“暴风影音 5”图标。

5. 练习

(1)下载并安装应用软件——暴风影音；

(2)下载并安装搜狗拼音输入法。

第 11 章　QQ 聊天工具

11.1　下载及安装 QQ 软件

1. 下载 QQ 软件的方法

(1)打开 IE 浏览器,在地址栏中输入 www. duote. com,按回车键。

(2)进入多特网主页,点击上侧的"软件下载",然后用鼠标滑轮向下滑动找到"腾讯 QQ 2018",点击右侧的"安全下载"字样,如图 11 - 1 所示。

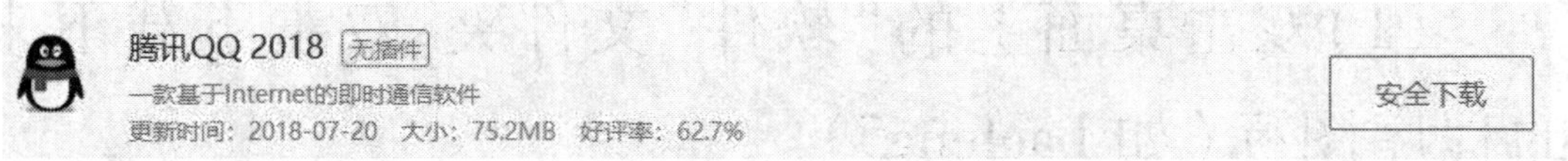

图 11 -1　QQ 安全下载页面

(3)在打开的窗口中,用鼠标滑轮向下滑动找到下载地址(如"华南电信下载""华北网通下载"的字样),找一个地名,单击,这时会弹出"新建任务"窗口,点击右下角的"浏览"或"一个黄色文件夹"的标志，弹出“浏览文件夹”窗口。

(4)双击选择“桌面”→双击“软件”，点击确定。

(5)最后，点击“立即下载”即可。

2. 安装 QQ 软件的方法

(1)下载完成后打开保存下载文件的文件夹，双击“安装图标”，如图 11－2 所示。

(2)在打开的安装页面中，按照提示单击“快速安装”→“我同意”→“下一步”→“下一步”→“完成”即可，如图 11－3 所示。

图 11－2　QQ 软件安装图标

图 11－3　QQ 安装页面

11.2 使 用 QQ

1. 申请 QQ 的方法

(1)双击桌面上的“QQ”图标。

(2)在窗口中点击左下角的“注册账号”字样，如图 11－4 所示。

图 11－4　QQ 登录页面

(3)在打开的网页中按照提示输入“昵称”和“密码”(如 abc123456)及“手机号”，单击“发送短信验证码”，如图 11－5 所示。

(4)输入验证码后点击“立即注册”完成。

(5)最后，显示申请成功页，即可获得自己的 QQ

号码，如图 11－6 所示。

图 11－5　QQ 注册页面

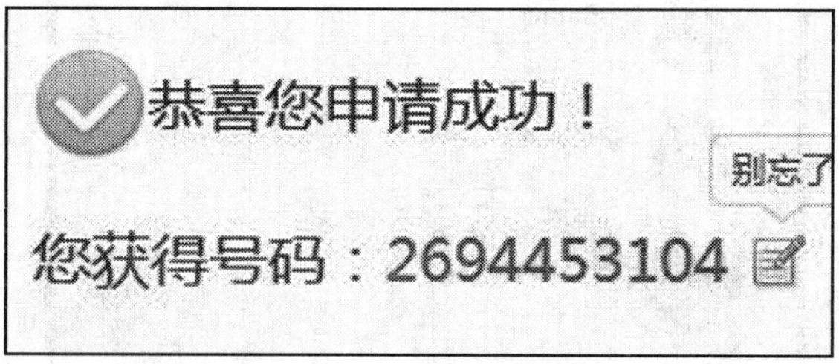

图 11－6　QQ 申请成功页面

2. 登录 QQ 的方法

（1）双击桌面的“腾讯 QQ”  图标（一个企鹅的标志）。

（2）打开窗口输入 QQ 账号和 QQ 密码，点击“登录”,如图 11－7 所示。

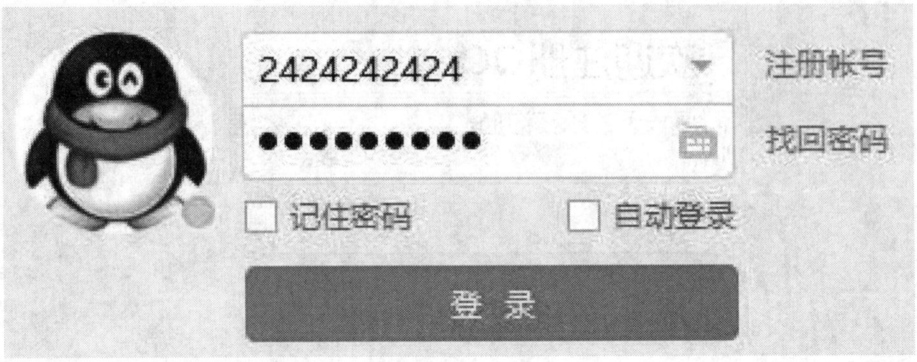

图 11－7　输入 QQ 账号及密码

(3)在右侧出现 QQ 的聊天窗口,如图 11－8 所示。

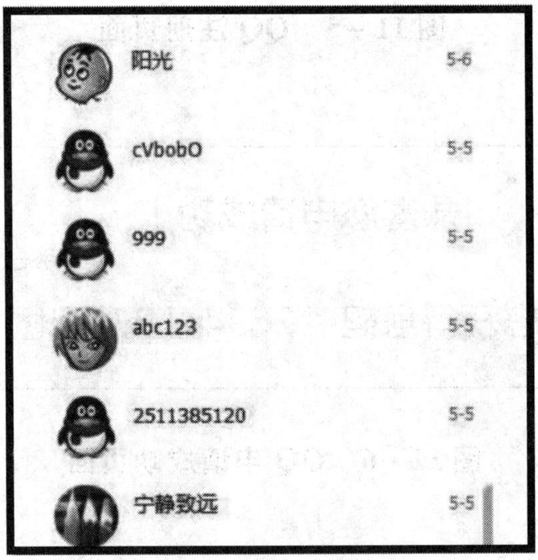

图 11－8　QQ 聊天窗口

3. 添加指定好友

(1)单击左下角的“＋好友”按钮。

(2)在打开的窗口中,在上侧搜索框内输入对方的 QQ 号,单击“查找”,如图 11－9 所示。

图 11－9　查找窗口

(3)找到对方的 QQ 号并单击下方“＋好友”按钮,输入验证信息后,再点击“下一步”→“完成”按钮,等待对方回应。

(4)对方同意以后,可以双击右下角的一个“闪动的小喇叭”的标志(系统信息),直接单击“确定”,添加成功。

4. 添加网络好友

(1)点击右下角的“查找”按钮。

(2)可选择“按条件查找”,并输入网络搜索范围:

①在线用户;

②有摄像头;

③输入“省份”;

④搜索的“城市”;

⑤年龄;

⑥性别。

(3)点击“查找”,在窗口中会出现搜索范围内的在线用户,点击左键选择所要添加的用户,如图 11－10 所示。

图 11－10　按条件搜索结果

(4)选中后点击下侧的“＋好友”,在出现的小窗口中输入验证信息,并点击“完成”,等待对方回应。

(5)对方同意以后,可以双击右下角的一个“闪动的小喇叭”的标志(系统信息),直接单击“确定”,添加成功。

5. 如何进行网络聊天

(1)双击桌面上的 QQ 图标,输入“账号”和“密码”,点击“登录”。

(2)在右侧出现 QQ 窗口,选择聊天网友的“头像”,双击左键打开聊天窗口,如图 11－11 所示。

(3)打开的窗口主要分为“信息显示区”和“输入区”。“信息显示区”主要显示两个人发送的信息。

“输入区”用来输入文字，点击“发送”按钮或 Ctrl + Enter 可以把信息发送给对方。

图 11－11　聊天窗口

6. 聊天工具栏

工具栏位于“输入区”的上方，包括“格式按钮”“表情按钮”“发送图片”“屏幕捕捉”等几个常用按钮，如图 11－12 所示。

图 11－12　聊天工具栏

7. 格式按钮

点击聊天窗口下侧“工具栏”中的最后一个按钮(3个点),单击“A”字体选择按钮可以设置“字体”“字号”“加粗”“倾斜”“下划线”“字体颜色”等,对文字进行修饰。

8. 表情按钮

点击“工具栏”中第一个“表情按钮”会出现表情选项,可以给对方发送卡通表情。

9. 发送图片按钮

如果要给对方发送电脑中的照片或图片可以使用“发送图片”按钮,具体方法如下:

(1)光标指向“工具栏”中第五个按钮,单击“发送本地图片”按钮,出现“打开”窗口。

(2)然后双击打开保存图片的盘符(例如,桌面),再点击选中的图片。

(3)点击“打开”会将图片导入“输入区”,再点击“发送”即可完成。

10. 屏幕捕捉按钮

按动屏幕捕捉按钮可以截取屏幕中出现的任何画面,并发送给对方,具体方法如下:

(1)光标指向“工具栏”中的“截屏”按钮(一个剪刀的标志)→点击“屏幕截图”按钮。

(2)此时光标会变成彩色的,用拖动的方法按住鼠标左键不松手截取需要的画面,然后松开左键。

(3)在下方点击“√”,截取的图片会出现在输入区,点击“发送”即可完成。

11. 视频聊天

通过网络摄像头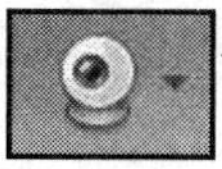可以看到双方的图像。

(1)打开聊天对话框。

(2)点击窗口上方“视频”按钮,进行视频连接。只有对方网友点击“接受”才可以看到双方的图像。

(3)点击右下角的“挂断”可以断开视频连接。

12. 语音聊天

可以通过连接到电脑上的“耳麦”和对方进行网络语音聊天。

(1)打开聊天对话框。

(2)点击窗口上方的“语音”按钮。

(3)等待对方点击“接受”就可以通过耳麦听到对方的声音。

13. 修改网名

(1)左键单击QQ窗口头像,进入个人设置窗口。

(2)单击右上角的“编辑资料”,在“昵称”栏先光标定位,删除以前的网名,再输入新的网名。

(3)点击“保存”完成。

14. 修改头像

(1)点击 QQ 窗口头像,进入个人设置窗口。

(2)点击左下角的“头像”按钮,单击上侧的“挑选推荐头像”,打开选择头像窗口,如图 11－13 所示。

(3)选择喜欢的头像点击左键,再点击“确定”即可完成。

图 11－13　更换头像窗口

15. 利用 QQ 邮箱收发电子邮件

(1)发送邮件的方法

①在打开的 QQ 界面中,单击上侧的“QQ 邮箱”(一个信封的标志),进入邮箱,如图 11－14 所示。

②在左侧的目标卡中,单击选取“写信”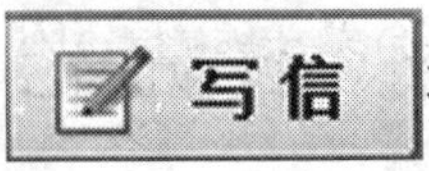

按钮,进入“写信”的界面。

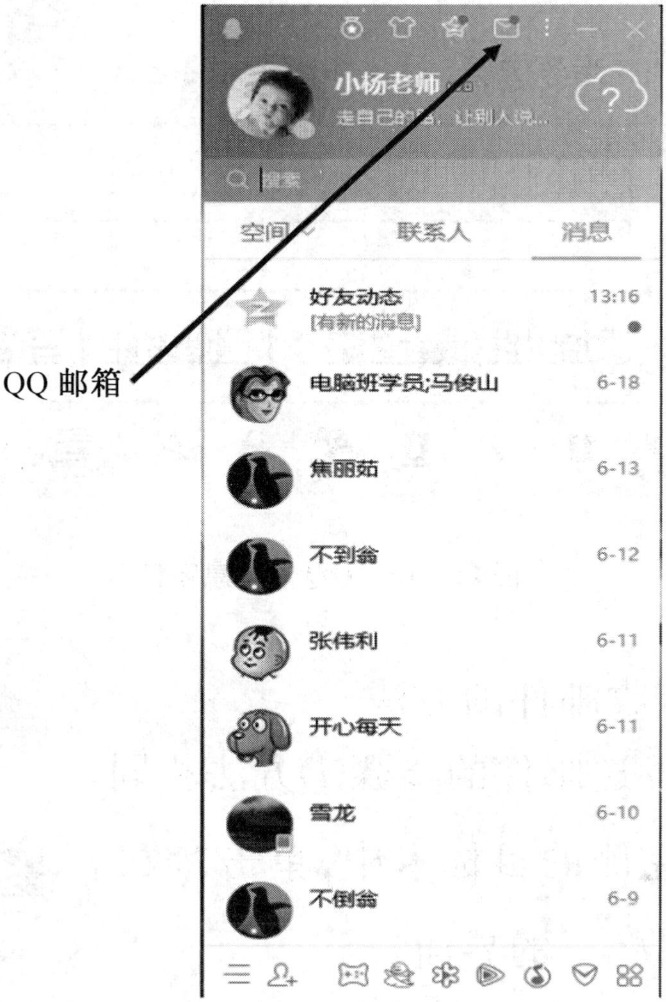

图 11－14　QQ 邮箱图标

③正确输入收件人的邮箱地址（如 3201767412@qq. com），输入主题名，再输入信件内容，如图 11－15 所示。

④单击正文区域上面的“发送”按钮。

⑤显示“发送”成功页，单击“返回收件箱”，即可完成写信。

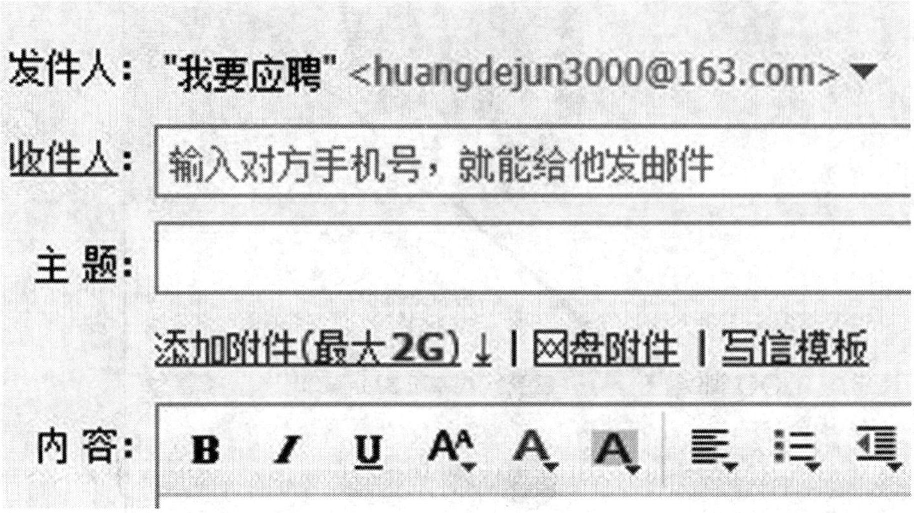

图 11－15　QQ 写信息窗口

(2)接收邮件的方法

①同发送邮件的步骤①方法相同。

②在左侧的目标卡中,单击“收信” 

按钮,进入“收信”的界面。

③将光标指向要看的邮件的“主题”栏,单击左键,即可显示邮件内容。

注意:收发完邮件后,一定要单击邮箱上侧的“退出”按钮,完成退出邮箱的操作。

16. 如何发送、接收电子贺卡

(1)发送电子贺卡的方法

①登录自己的 QQ 聊天界面。

②点击右上角的一个信封的标志,进入“写信”界面。

③点击左下角的“贺卡”按钮。选取想要发送的电子贺卡，单击左键，预览贺卡详细内容，单击“发送”，如图 11－16 所示。

图 11－16　贺卡发送窗口

④在打开的页面中，输入收卡人电子邮箱地址及祝福语，点击发送即可，如图 11－17 所示。

(2)接收电子贺卡

方法与接收电子邮件的方法相同。

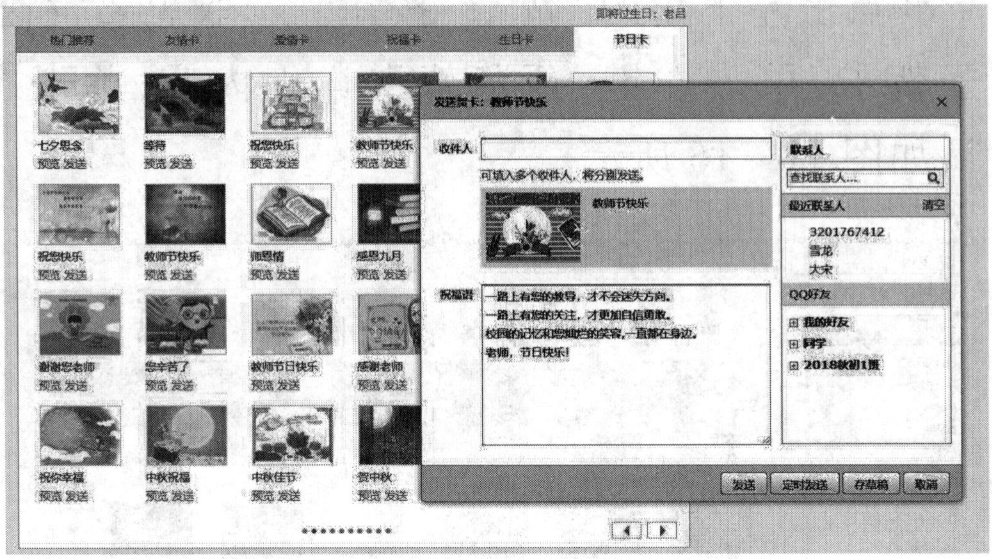
即将过生日：老吕
热门推荐
友情卡
爱情卡
祝福卡
生日卡
节日卡
七夕思念
等待
祝您快乐
教师节快乐
预览 发送
祝您快乐
教师节快乐
师恩情
感恩九月
谢谢您老师
您辛苦了
教师节日快乐
感谢老师
祝你幸福
中秋祝福
中秋佳节
贺中秋
发送贺卡：教师节快乐
收件人
可填入多个收件人，将分别发送。
教师节快乐
祝福语
一路上有您的教导，才不会迷失方向。
一路上有您的关注，才更加自信勇敢。
校园的记忆和您灿烂的笑容，一直都在身边。
老师，节日快乐！
联系人
查找联系人...
最近联系人
清空
3201767412
雪龙
大宋
QQ好友
我的好友
同学
2018软初1班
发送
定时发送
存草稿
取消

图 11－17　发送贺卡

第 12 章　Word 文字排版软件

12.1　概　　述

1. Word 简介

Word 是美国微软公司开发的 Office 办公软件的其中之一，主要具有文字处理、图文排版等功能。

2. 进入 Word

【方法 1】　双击桌面"Word"图标快速启动窗口。

【方法 2】　"开始"→"所有程序"→Microsoft Office→单击 Microsoft Word 的图标。

3. Word 窗口结构

Word 窗口结构包括：标题栏、工具栏、菜单栏、文档编辑区、状态栏、视图选项、窗口控制区，如图12－1所示。

图 12 –1 Word 窗口结构

4. Word 窗口内容的显示与隐藏

点击“视图”菜单，去掉勾选“标尺”选项，工作区的标尺消失隐藏。

5. Word 视图转换

Word 包括 4 种视图，如图 12 –2 所示。

(1)页面视图：打印格式，所见即所得。

(2)web 版式视图。

(3)大纲视图(不经常用)。

(4)普通视图：与记事本中的视图相同。

图 12 –2 WORD 的 4 种视图

12.2 Word 文字编辑

光标定位在“工作区”，右下角调出“搜狗输入法”，直接输入文字。

1."Word"开始标签下工具的应用

点击"开始"菜单下方显示工具选项,包括"剪贴板""字体""段落""样式""编辑"五组工具栏。

2."字体"工具栏

"字体"工具栏如图 12－3 所示。

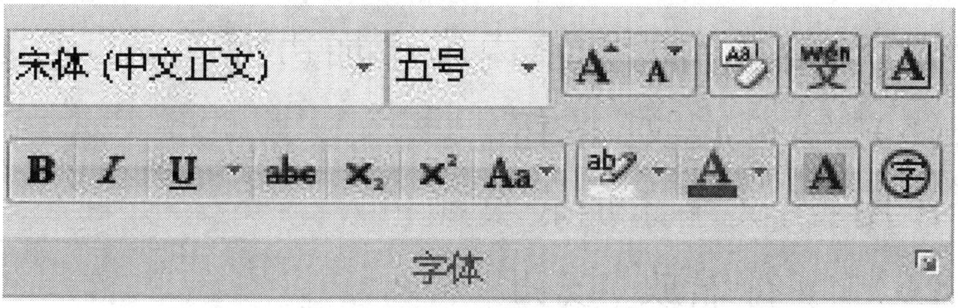

图 12－3　字体工具栏

(1)"字体"按钮

作用:设置文字字体。

单击左键拖动选中文字→单击字体右侧的"小三角"(候选按钮)→单击所需字体。

(2)"字号"按钮

作用:用来设置字体的大小。

单击左键拖动选中文字→单击字号右侧的"小三角"(候选按钮)→选择字号大小。

(3)**B**—粗体、*I*—斜体、U—下划线(图 12－4)

作用:对文字添加特殊效果。

拖选文字,直接点击相应按钮即可完成设置。

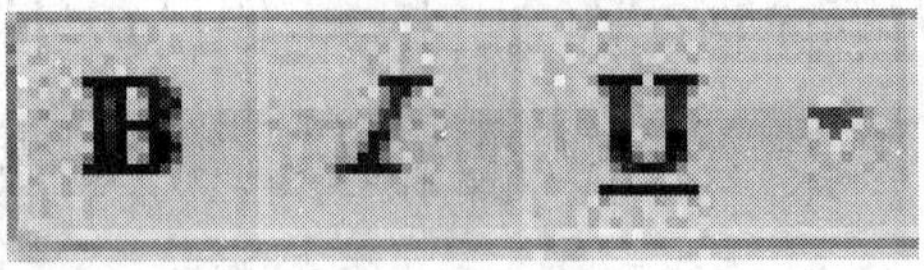

图 12－4

(4)“字符边框”按钮

作用:给选中的文字内容添加边框。

(5)“字符底纹”按钮

作用:给文字添加底纹颜色。

(6)“字符缩放”按钮

作用:将文字内容按一定比例放大或缩小。

(7)“突出显示”按钮

作用:文字添加底色。

拖选文字→单击小三角→指向想要的颜色,单击左键完成。

(8)“字体颜色”按钮

作用:给文字添加颜色。

拖选文字→点击“*A*”旁边的小三角→指向想要的颜色,单击左键完成。

(9)“拼音指南”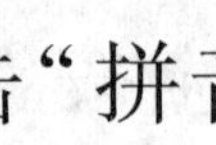按钮

作用:给文字添加拼音,学习汉字拼写。

拖选文字→点击“拼音指南”→窗口中点“确定”

完成。

3. “段落”工具栏(图 12－5)

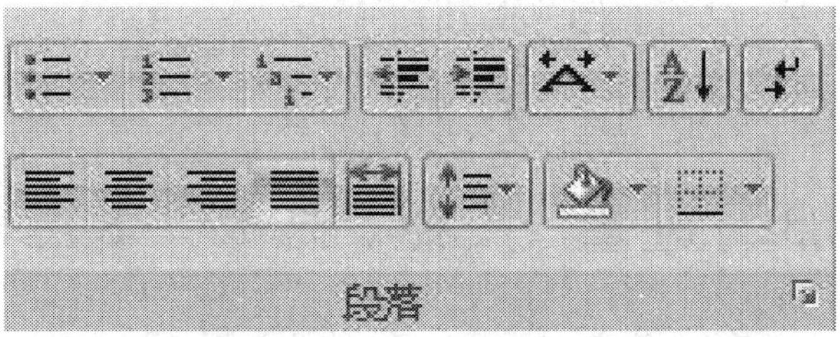

图 12－5　“段落”工具栏

文字对齐方式选项见图 12－6。

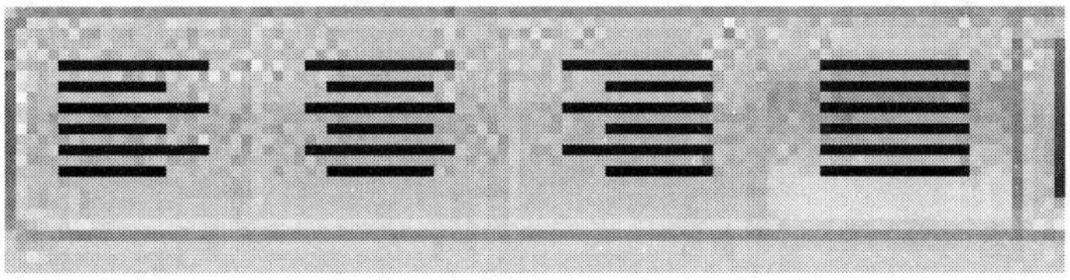

图 12－6　文字对齐方式选项

(1)“两端对齐”按钮。

(2)“居中”按钮。

(3)“左对齐”按钮。

(4)“右对齐”按钮。

作用:可以设置文字的居中方式。

(5)“编号”按钮(图 12－7)

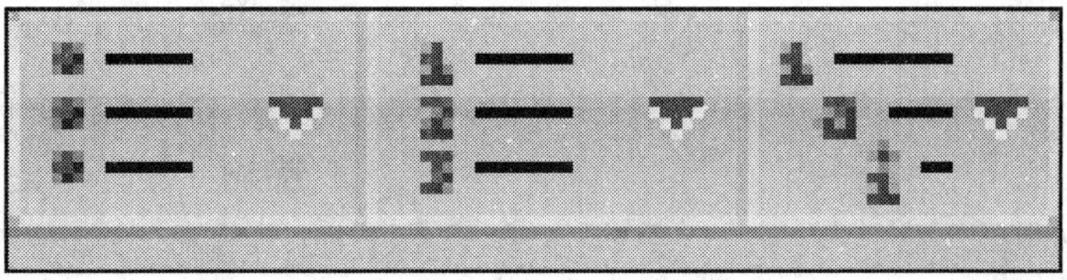

图 12－7　编号按钮

作用:在文章行首添加编号。

(6)"项目符号"按钮。

作用:在文章行首添加符号。

(7)"减少缩进量"按钮。

(8)"增加缩进量"按钮(图 12-8)。

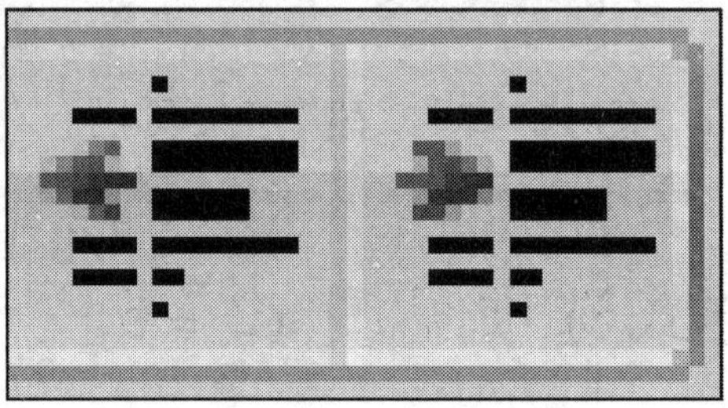

图 12-8　缩进量按钮

12.3　Word 制作通讯录

1. 建立表格

(1)将光标依次指向"插入"→"表格"按钮,单击左键,打开"插入表格"框,如图 12-9 所示。

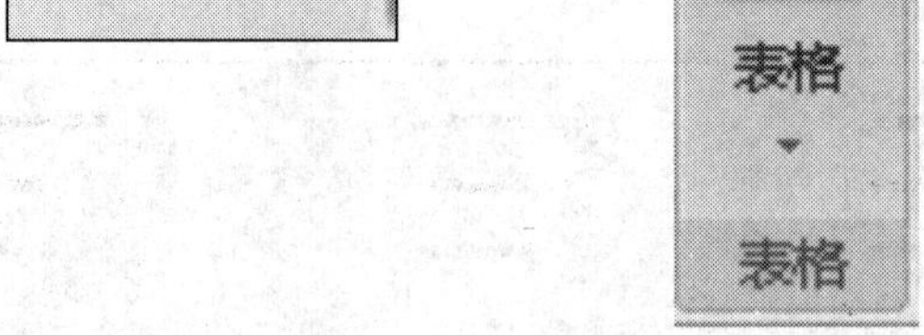

图 12-9　插入表格

（2）在框中，用左键拖动的方法，确定表格行数及列数，释放左键，表格即可生成。

2. 输入表头及表格内容

表头指表格内第一行、第一列的文字内容，通常反映了整个表格的中心内容。

（1）选择熟悉的汉字输入法。

（2）将光标指向表格首行、首列，当光标变形为"工字符"时，单击左键，将光标定位。

（3）输入文字，样例如下表所示。

电脑初级班学员同学录

学号	姓名	电话	QQ 号码	家庭住址
1	张三	58963658	7895623	
2	李四	54588747	4589523	

3. 改变表格的行高及列宽

（1）改变列宽：将光标指向某列左侧或右侧格线，光标变形为←||→后，左拖动鼠标来改变该列宽度。

（2）改变行高：将光标指向某行上侧或下侧格线，光标变形为 ↕ 后，左拖动鼠标来改变该行高度。

4. 编辑表格中的文字

(1)设置文字在表格中左右居中

①将光标指向单元格中文字内容的左下角,当光标变形为黑实箭头时,单击左键,则单元格中的文字内容变成黑色反显示。

②将光标指向“段落”工具栏中的“居中”按钮,单击左键,则文字在表格内左右居中。

(2)设置文字在表格中上下居中(垂直居中)

①将光标指向单元格中文字内容的左下角,当光标变形为黑实箭头时,单击左键,则单元格中的文字内容变成黑色反显示。

②将光标指向反显示的文字,单击右键,在弹出的快捷菜单中,选取“表格属性”选项。

③在打开的“表格属性”窗口中,首先单击上侧的“单元格”选项,然后单击下侧的“居中”按钮,最后单击“确定”,则文字在表格中上下居中。

(3)如何移动表格

①将光标指向要移动的表格左边框上。

②当表格左上角出现表格标签时(也就是一个方框,里面有一个黑色的十字花),将光标指向该标签,光标变形为一个黑色的十字花箭头。

③按住左键拖动,会有一个虚线框随之移动,将

该表格拖动到任意地点释放,即可完成表格的移动。

5. 增加行或删除行

(1)增加行

①用光标拖动的方法选取要增加的行数。

②将光标依次指向“菜单栏”中的“表格”按钮,单击打开下拉菜单,选取“插入”选项。

③在“插入”选项中,选取“行插入”(可选择在选定位置的上方或下方插入)。

(2)删除行

①用光标拖动的方法选取要删除的行。

②将光标依次指向选中的行数,单击右键,在打开的快捷菜单中选取“删除行”选项,即可完成。

6. 增加或删除列

操作方法与行增加及删除方法相同。

第13章　RAR解压缩软件的使用

13.1　概　　述

有时我们在网上下载软件会遇到"RAR"格式的文件,这是一种压缩格式的文件,必须解压缩以后才可以使用或者安装。电脑必须安装RAR解压缩软件才可以解压,如果电脑没有安装该软件,所有的压缩文件都不能使用。RAR是电脑必备的一款解压缩软件。

13.2　RAR解压缩软件实操

1. 如何压缩文件

有时为了节省磁盘的储存空间,我们可以把文件或应用程序进行压缩。例如,有一个文本文件的容量是80 MB,为了节约磁盘空间进行压缩,容量可能变为

70 MB,文件本身没变,只是把它的容量体积缩小到最低值来节省空间。压缩方法如下:

(1)鼠标指向要压缩的文件,点击右键。

(2)在菜单中点击添加到“文件名”. rar,如图 13－1 所示。

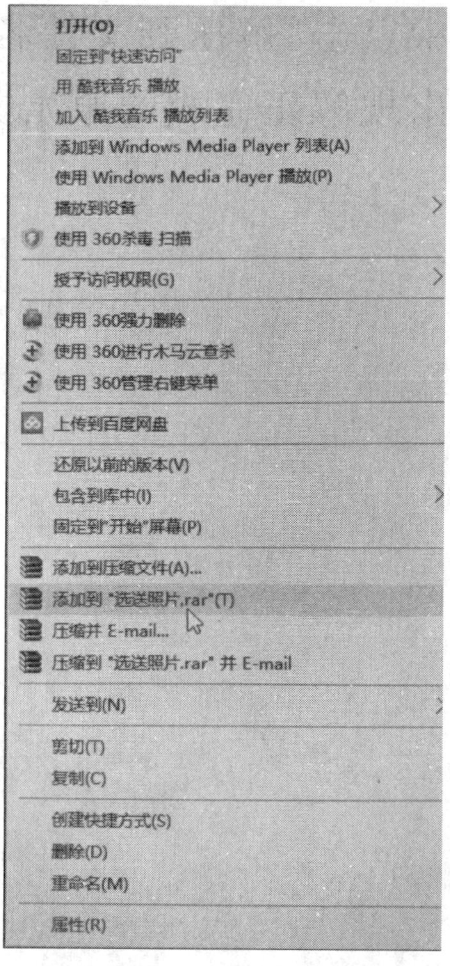

图 13－1　压缩文件

(3)压缩完成后,这时会出现“三本书”的图标,为压缩后的文件。

2. 如何解压文件

(1)鼠标指向压缩文件图标(也就是三本书的标志),点击右键。

(2)在菜单中点击“解压到文件名/(E)”。

(3)在旁边出现解压完成的原始文件。

第14章　360安全卫士软件的使用

14.1　360安全卫士软件概述

360安全卫士(以下简称360)是当前功能最强、效果最好、最受用户欢迎的网上必备安全软件。360拥有木马查杀、恶评软件清理、漏洞补丁修复、电脑全面体检、垃圾和痕迹清理等多种功能。目前木马的威胁已经超过病毒,360在查杀木马、防盗号等方面功能强大。此外,360还可以优化系统,加快电脑运行速度,同时还拥有下载、升级和管理各种应用软件的功能。

1. 清除恶评软件

“清除恶评软件”用于清除恶意程序,凡扫描出来的插件程序,都有比较详细的信息和好评率,选中恶评插件,点击“立即清理”,轻松清除。觉得好用及好评率也比较高的插件,点击“信任选中插件”添加到信任插件,这样可保证系统里无恶意插件。

2. 修复系统漏洞

“修复系统漏洞”能及时升级系统安全补丁,每次开机360软件进行后台监视,发现系统新补丁包马上给出提示,选择“修复系统漏洞”,360自动下载并安装补丁。在Windows平台上病毒猖獗,及时安装补丁是很有必要的。

3. 系统全面诊断

点击“系统全面诊断”进入自动扫描,并将结果列表分类显示。如果发现危险进程,将提示修复,点击修复即可。

4. 管理应用软件

“管理应用软件”功能分门别类地列出了系统中所安装的各种应用软件,每个软件都显示用户好评率。如果发现分类不正确,在所选应用软件项点击右键,移至新分类即可。想卸载应用软件,点击所选应用软件左下的“卸载”即可。

5. 清理使用痕迹

“清理使用痕迹”能很快地清理掉使用电脑时留下的各种痕迹。这在清理IE临时文件时经常使用。

6. 修复 IE

"修复 IE"功能能快速修复 IE 相关的系统问题。有时候网页打开很慢,修复一下就可以了。

7. 启动项状态

"启动项状态"列出了随系统开机自动启动的程序。不想让某个程序随系统启动,选中后,点击"禁用选中项"即可。

8. 系统服务项

"系统服务项"列出了在系统后台运行的服务程序,有的程序在"任务管理器"中是看不到的。觉得某项服务有异常,可以暂停或停止它。

14.2 360 安全卫士软件实操

1. 下载 360 安全卫士

(1)打开 IE 浏览器,进入 www. duote. com 多特软件站,如图 14－1 所示。

图 14－1 多特软件站

(2)打开主页后,点击“软件下载”,找到“360安全卫士”字样,单击其右侧的“安全下载”按钮,如图14－2所示。

图14－2　360安全卫士安全下载

(3)打开下载画面,如图14－3所示。具体操作可参考下载软件部分内容。

图14－3　立即下载页面

2. 安装 360 安全卫士

(1)打开下载保存软件的文件夹,“双击下载程序图标”。

(2)打开安装窗口,按提示点击“下一步”→“我接受”,再点击“安装”,即可完成。

3. 360 软件的使用

安装完成后双击“360 图标”启动程序,打开程序窗口,如图 14－4 所示。

图 14－4　360 安全卫士首页

4. 常用选项按钮

(1)电脑体检(图 14－5)

①点击“电脑体检”,再点击“立即体检”,360 开

始对电脑进行检测评分。

②检测结束后按提示点击右侧"一键修复"按钮进行修复。

图 14－5　电脑体验页面

（2）木马查杀

360 的主要功能是查杀木马病毒，包含如下三种扫描方式。

①快速扫描：扫描系统内存、启动对象等关键部位，速度较快。

②全盘扫描：扫描电脑全部磁盘，速度较慢。

③自定义扫描：扫描指定的范围。

（3）电脑清理

定期清理电脑中的不用文件，可以释放电脑被占用的磁盘空间，让系统运行更流畅。

①点击"全面清理"，开始对垃圾文件进行扫描。

②扫描结束后点击“一键清理”即可完成。

(4)系统修复

系统漏洞是指软件本身的技术缺陷,存在系统漏洞往往会导致木马、病毒入侵计算机。360 可以对电脑的操作系统进行检测和修复,将系统存在的缺陷和漏洞进行修复,从而防止病毒的入侵。

点击“全面修复”即可开始对系统的缺陷和漏洞进行全面检测和修复

(5)优化加速

优化加速可以提升开机、运行速度,其过程如下:

①点击“全面加速”即可自动扫描需要加速的程序。

②扫描结束后,单击“完成”即可。

(6)功能大全

功能大全提供一些管理系统的高级工具,如图 14－6 所示。

图 14－6　功能大全页面

(7)软件管家

软件管家管理系统中所有的软件,包括以下几种软件:

①装机必备、软件宝库、软件升级、软件卸载。

软件宝库:提供常用软件的下载。

装机必备:提供网络上评价度非常好的热门软件下载,包括学习、办公、游戏、开发、炒股等热门软件。

软件升级:可定期将软件升级到最新版本,获取更多功能,杜绝软件漏洞。

软件卸载:可将不需要的软件卸载,卸载方法如下:

a. 单击上侧的“卸载”,然后在下方找到要卸载的程序名称。

b. 点击右侧的“一键卸载”即可完成。

②手机必备、高级工具、热门游戏。

(8)游戏管家

游戏管家提供热门网络游戏的下载和安装。

第二篇　计算机提高应用

第 15 章　Word 提高应用

15.1　Word 图文排版

1. 导入图片类型

剪贴画：Word 软件自带的图片集。

图片照片：可以将硬盘或外部设备中的照片导入 Word。

2. 如何导入剪贴画

点击“插入”菜单→“图片”→“剪贴画”，右侧启动剪贴画窗口，点击“搜索”显示图片，左键点击图片，自动导入工作区，如图 15－1 所示。

图 15－1　剪贴画

3. 如何导入“图片照片”

点击“插入”菜单→“图片”→来自文件，启动窗口，点击“桌面”，选中照片，点击“插入”。

4. 如何调整图片大小

在照片四周出现八个黑色小方块，叫作“尺寸柄”，如果 15 – 2 所示。

左键点击图片，出现“尺寸柄”，鼠标指向“尺寸柄”变为双箭头，按左键拖动，调整后松开左键。

图 15 – 2　尺寸柄

5. 如何显示或隐藏图片工具栏

作用：使用工具栏中的工具对照片进行设置调整，图片工具栏如图 15 – 3 所示。

方法：指向图片右键点击，显示或隐藏图片工具栏。

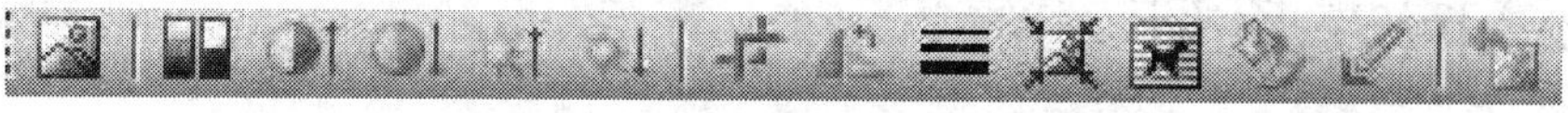

图 15－3　图片工具栏

6. 图片工具栏中按钮的使用

(1)插入图片 

作用:快速导入新图片。

(2)颜色

作用:设置四种图片颜色效果。

①自动:默认颜色。

②黑白:黑、白色。

③灰度:浅灰色。

④冲蚀:颜色变淡。

(3)对比度

作用:加深或降低图片的颜色。

(4)亮度

作用:增加或降低图片的亮度。

(5)裁剪

作用:修剪图片四周的部分。

方法:点击“裁剪”按钮,鼠标变为裁剪符号,按左键拖动“尺寸柄”,看虚线位置调整大小,松开左键即可。

(6)向左旋转

作用:更改图片角度,修正照片。

方法:每点击一次“旋转”按钮图片旋转 90 度。

(7)线型

作用:照片添加边框。

方法:选中图片,点击“线型”,点击“其他线条”,启动窗口,设置“颜色”“线型”“粗细”,点击“确定”完成,如图 15－4 所示。

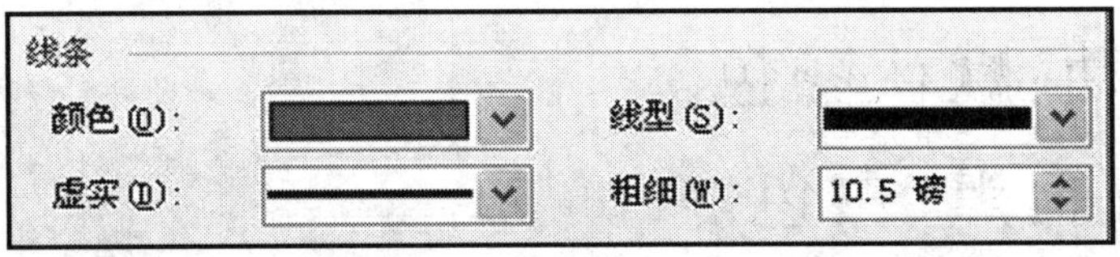

图 15－4　线条设置对话框

(8)文字环绕 

作用:设置照片排版位置。

方法:选中图片,点击“文字环绕”→“浮于文字上方”,拖动照片摆放位置即可。

(9)重设图片  按钮

作用:恢复、还原图片。

7. 如何启动“绘图工具栏”

作用:绘制图形或艺术字创作等设计工作。

方法:点击“视图”→“工具栏”,点击“绘图”在下方显示如图15－5所示工具栏。

图15－5　绘图工具栏

15.2　Word设计制图

1. 如何绘制图形

点击“插入”按钮→“图片”→“自选图形”,指向“基本形状”,点击“图形”,松开左键,在空白处左键拖动即可。

2. 如何填充颜色

方法:点击“图形”→油漆桶小三角→颜色填充完成。

3. 如何调整线条颜色

方法:点击“图形”→线条颜色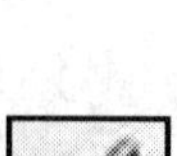小三角→颜色即可完成。

4. 如何调整线条粗细

方法:选中“图形”→点击线形按钮→选择磅值即可完成。

15.3 设计制作艺术字

使用艺术字工具制作出不同形状、样式、颜色的文字,称为“艺术字”。

1. 如何制作艺术字

(1)点击绘图工具栏中的,启动窗口,如图15－6所示,选择“样式”,点击“确定”。

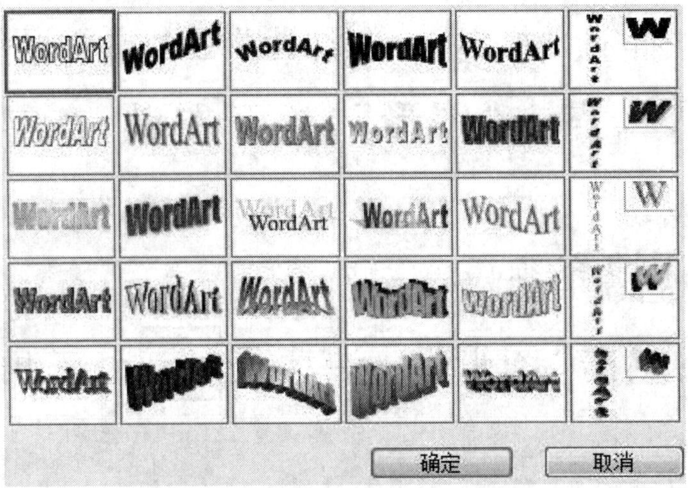

图15－6　艺术字窗口

(2)输入文字→设置字体,单击“确定”,即可完成,如图15－7所示。

2. 启动艺术字工具栏

方法:指向艺术字,右键点击“显示艺术字”工具栏,如图15－8所示。

图 15－7 字体设置窗口

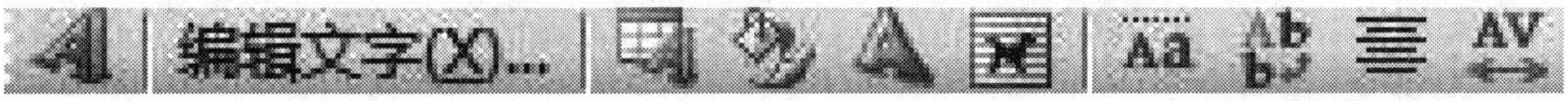

图 15－8 艺术字工具栏

3.“艺术字”工具栏中按钮的使用

(1)插入艺术字按钮

作用:它是通过工具栏形式在文档中插入一个新的艺术字。

(2)编辑文字按钮

作用:添加、删除文字,修改字型、字号、字体。

(3)艺术字库按钮

作用:修改艺术字外观样式。

(4)设置艺术字格式按钮

作用:修改艺术字的底色和线条颜色。

①选中艺术字,点击设置艺术字格式按钮,启动

窗口,如图 15－9 所示。

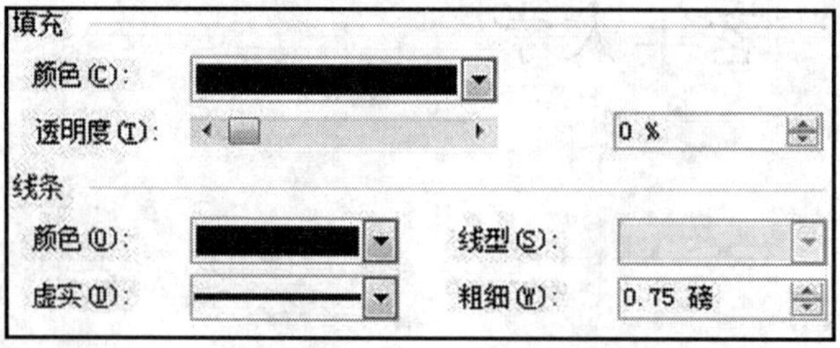

图 15－9　设置艺术格式窗口

②在“填充”项设置底色,在“线条”项设置边缘线条颜色,点击“确定”即可完成。

(5)艺术字形状按钮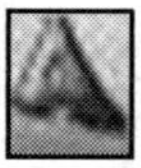

作用:更换艺术字的外观样式。

方法:点击按钮后直接点击图形即可。

(6)文字环绕按钮

作用:设置艺术字在排版中的层次位置,常用选项包括浮于文字上方和衬于文字下方。

(7)艺术字字母高度按钮

作用:修改艺术字的高度。

(8)竖排文字按钮

作用:设置艺术字横向或纵向显示效果。

(9)艺术字对齐方式按钮

作用:调整文字横排位置。

(10)艺术字字符间距按钮

作用:调整艺术字间距。

4. 如何设置艺术字的三维效果

(1)在艺术字生成后,光标指向并单击“绘图工具栏”中的“三维效果”按钮,打开“三维效果”菜单。

(2)三维效果“菜单”包括以下几项:

①无三维效果。

②Word 提供的 20 种“三维效果”直观图。

③打开“三维设置”工具栏

作用:可以设置关于“艺术字”的不同三维效果及颜色等。

a. 开关按钮

作用:可以设置或取消艺术字的“三维效果”。

b. 下俯

c. 上翘

d. 左偏

e. 右偏

f. 深度

g. 方向

h. 照明角度

i. 表面效果

j. 三维颜色

5. 如何设置“艺术字”的阴影效果

(1)在艺术字生成后,光标指向并单击“绘图工具栏”中的“阴影”按钮,打开“阴影效果”菜单。

(2)阴影效果“菜单”包括以下几项:

①无阴影效果。

②Word 提供的 20 种“阴影效果”直观图。

③打开“阴影设置”工具栏。

作用:可以设置关于“艺术字”的不同阴影效果及颜色等。

a. 开关按钮

作用:可以设置或取消艺术字的“阴影效果”。

b. 略向上移

c. 略向下移

d. 略向左移

e. 略向右移

f. 阴影颜色

15.4 制作电子相册

使用 Word 中学习的基础知识,制作电子相册,整个过程就是将学习的知识进行综合练习。

1. 启动 Word 软件

2. 页面调整为页面视图格式

3. 输入相册主题名（例如，家庭相册）

4. 更改背景颜色

点击“格式”→“背景”→选择颜色。

5. 导入照片

点击“插入”→“图片”→“来自文件”，打开窗口→桌面→选中照片→插入，即可完成。

6. 移动照片

点击照片，显示“图片工具栏”，点击“文字环绕”，选择“浮于文字上方”，即可移动。

7. 添加边框

选中图片，点击“线型”→“其他线条”，打开窗口，设置颜色、线型、粗细，点击“确定”即可完成。

15.5　制作电子贺卡

1. 选择纸张大小

点击文件菜单→“页面设置”，启动窗口，点击“页边距”，设置纸张方向为横向，点击纸张选项设置高度和宽度的数值，点击“确定”即可完成。

2. 设置边框

（1）格式菜单→“边框和底纹”，启动窗口，点击页面边框选项,再点击方框

。

(2)选择线型、颜色、宽度,点击“确定”完成,如图15－10所示。

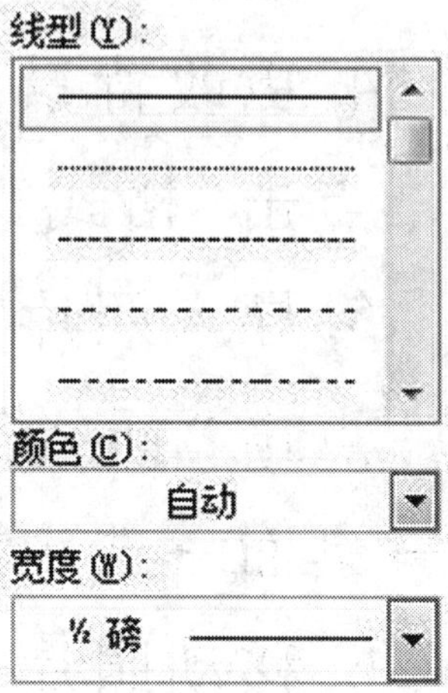

图15－10　边框线型设置窗口

3.将图片添加为背景

(1)点击“格式”菜单→“背景”→“填充效果”,启动窗口。

(2)点击“图片”选项,点击“选择图片”→“桌面”→“照片”,点击“插入”→点击“确定”即可完成。

4.输入贺卡名称(艺术字已讲过)

点击绘图工具栏艺术字按钮,选择样式,点击“确定”,再输入文字,点击“确定”即可完成。

5.输入祝福语

点击文本框,拖动出文本框→输入文字→设置字体格式→去掉底色和线条,即可完成。

第 16 章　制作电子相册

16.1　初识 Photoshop

1. Adobe Photoshop 软件简介及安装

Adobe Photoshop 软件(简称 PS)是 Adobe 公司开发的图片后期处理软件,具有图像合成、图片调色、绘图设计、动态图合成、建筑制图等功能,是电脑设计及图片后期处理的最佳软件。

2. 进入 Photoshop 的方法

双击桌面的“Adobe Photoshop”图标,即可打开 Photoshop 窗口,如图 16-1 所示。

3. Photoshop 窗口结构

(1)应用程序栏

(2)菜单栏

(3)工具选项栏

工具选项栏主要用来设置不同工具和命令的参数,具体内容随所选的工具和命令不同而不同。

图 16－1　Photoshop 窗口

(4)工具箱

工具箱包括各种常用工具按钮。

(5)垂直停放的 3 个调板组

(6)选项卡式“文档”窗口

(7)状态栏

状态栏主要显示编辑图像文件的大小等信息。

(8)调板标题栏

(9)“折叠为图标”按钮

“折叠为图标”按钮将展开的调板折叠,可以扩大操作区域,提高工作效率。

4. 照片的虚化处理(简单照片处理两例)

(1)照片虚化处理第一例

①打开 PS 软件,将光标依次指向“菜单栏”→“文件”按钮 文件(F) →“打开”选项,单击左键,打开需要处理的照片。

②将光标依次指向“图像” 图像(I) →“复制”,复制副本,直接单击“好”。

③在左侧的“工具箱”中,按住虚线矩形按钮  不放,会出来四种选框工具,点击“椭圆选框工具”,然后在照片上画个椭圆。在照片上出现一个虚线画成的椭圆。

④在菜单“选择”下的“变换选区”点一下,不断地调整方框的大小,直到满意为止。按一下回车键,调整框就消失了。

⑤将光标依次指向“菜单栏”→“选择”→“修改”→“羽化”选项,单击左键,在羽化半径中填写 5。这个 5 是指我们需要虚化的边缘的宽度,如图16－2所示。

⑥将光标依次指向“菜单栏”→“选择”→“反向”选项,单击左键。

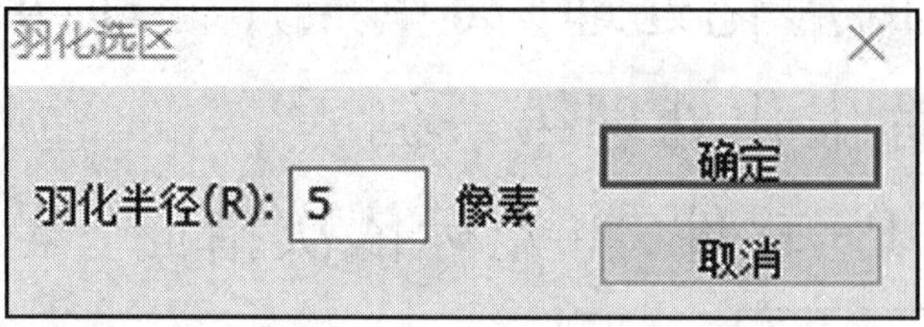

图 16－2　羽化设置

⑦将光标依次指向“菜单栏”→“编辑”→“清除”,即可出现虚化后的效果。

⑧指向菜单栏→“选择”→“取消选择”,虚线框就没有了。

⑨最后,单击菜单栏中的“文件”按钮下的“存储为”命令,在出现的对话框中,首先单击“保存在”右侧的向下三角,选择“保存位置”为“E:盘”,然后单击“新建文件夹”按钮,新建一个叫作“我的电子相册”的文件夹。

双击“我的电子相册”进入该文件夹,此时可以依次确定以下各项(图 16－3):

a.“保存在”一栏中已列出了“我的电子相册”文件名。

b.“文件名”一栏中为该照片起个名字。

c.“格式”一栏中单击右侧的向下小三角(候选按钮),选择“JPEG 文件格式”。

d.最后,单击“保存”按钮,关闭“存储为”窗口。

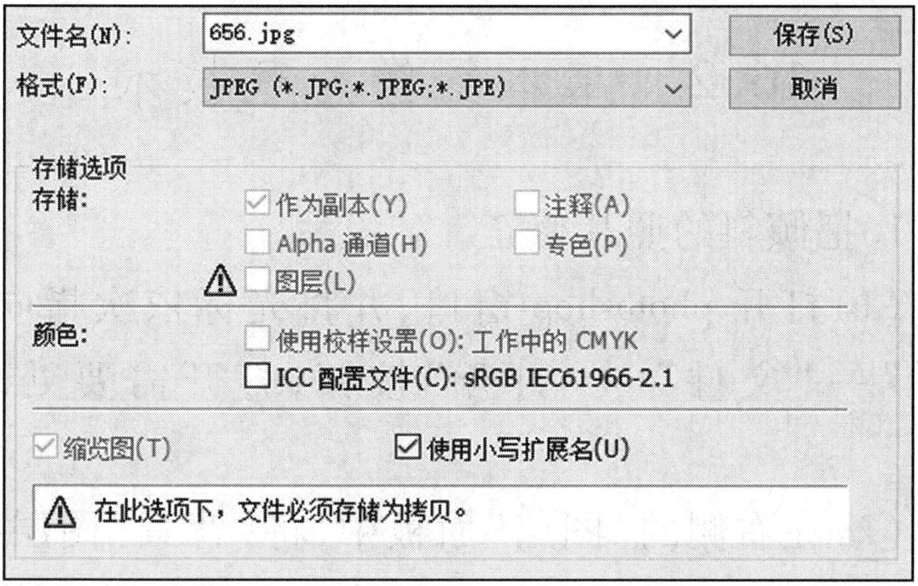

图 16－3

⑩在出现的“JPEG 选项”的窗口中，在“图像选项”选项组中选择“品质为 10”，然后，单击“好”按钮，即可完成。

(2)照片虚化处理第二例

①打开 PS，将光标依次指向“菜单栏”→“文件”按钮→“打开”选项，单击左键，打开需要处理的照片。

② 在工具栏第二栏的左边，点“套索工具”。

③试一下先反选，后羽化，羽化半径为 20。

④单击“编辑”下的“清除”，看一下效果。如果不好，到编辑菜单点“还原清除”，再重新羽化，直到满意为止，最后“取消选择”，这样图就做好了。

16.2 基本图像处理技术

1. 把倾斜的照片修正

(1)打开 photoshop 窗口,并将光标依次指向“菜单栏”→“文件”→“打开”按钮,打开需要处理的照片。

(2)在右侧的“图层”面板中,将“背景”图层拖动到“创建新的图层”按钮(图层面板右下角倒数第 2 个按钮)上,创建背景图层的副本,如图 16-4 所示。

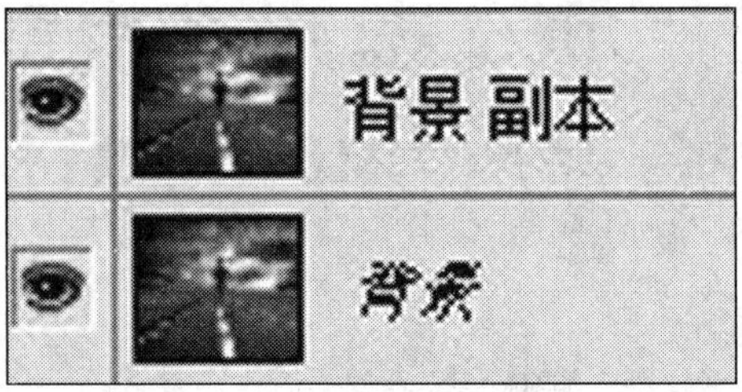

图 16-4 创建背景副本

图层的概念:图层就是构成图像的一个一个的层,每个层都能单独地进行编辑操作。图层可以把一个图像中的一个部分独立出来,然后可以对其中的任何一部分进行处理,而且这些处理不会影响别的部分,这就是图层的强大功能。我们还可以将各个图层通过一定的模式混合到一起,从而得到千变万化的效果。

(3)单击“背景副本”图层,使之成为当前工作图层,并将光标依次指向“菜单栏”→“编辑”→“变换”→“旋转”命令,将图片旋转到合适的角度。在框内双击左键即可完成。

(4)选择“工具箱”中的“裁切工具”,在图片中拖动,选择想要的区域,在框内双击左键即可完成操作。

2. 用钢笔工具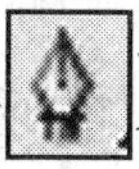更换背景

(1)打开 Photoshop 窗口,并将光标依次指向“菜单栏”→“文件”→“打开”按钮,打开需要处理的照片。

(2)首先单击“工具箱”中的“移动工具”,然后将光标指向要更换的背景图,将其拖动至原照片中。

(3)在右侧的“图层”面板中,将“原照片的背景”图层拖动到“创建新的图层”按钮上,创建背景图层的副本,并将此层放在最上层,并单击该层选中它。

(4)首先选择“工具箱”中的“钢笔工具”,然后在上侧的“工具选项栏”内单击“路径”按钮,最后在每个拐角的地方单击,为路径添加锚点,并最终形成一个封闭的区域。

(5)在右侧的“图层”面板中,单击“路径”选项,即可进入“路径面板”,按下 Ctrl 键,同时单击此工作路径,则自动生成选区。

(6)按键盘上的 Ctrl + Shift + I 键反选区域。

(7)最后按下 Delete 键即可完成。

3. 使用“魔棒工具”更换背景

(1)打开 Photoshop 窗口,并将光标依次指向“菜单栏”→“文件”→“打开”按钮,打开需要处理的照片。

(2)首先单击“工具箱”中的“移动工具”,然后将光标指向要更换的背景图,将其拖动至原照片中。

(3)在右侧的“图层”面板中,将“原照片的背景”图层拖动到“创建新的图层”按钮上,创建背景图层的副本,并将此层放在最上层,并单击该层选中它。

(4)选择“魔棒工具”,在欲删除的区域单击进行选择。

注意:在选择区域的时候,可以按下 Shift 键单击添加多个选区,还可以按下 Alt 键单击减少选区。

(5)最后,按下键盘上的 Delete 键,将选区中的内容删除。

(6)还可自行调整背景图层的位置,即可完成操作。

4. 清除照片上的多余部分

(1)打开 Photoshop 窗口,并将光标依次指向“菜单栏”→“文件”→“打开”按钮,打开需要处理的

照片。

(2)首先单击“工具箱”中的“移动工具”,然后将光标指向要更换的背景图,将其拖动至原照片中。

(3)在右侧的“图层”面板中,将“原照片的背景”图层拖动到“创建新的图层”按钮上,创建背景图层的副本,并将此层放在最上层,并单击该层选中它。

(4)选择“工具箱”中的“矩形选框工具”,在图片中“多余部分”的相邻区域进行拖动,选择一个相似区域。

(5)在键盘上按下 Ctrl + C 键,复制该区域,然后在空白处单击,取消选区,再按下 Ctrl + V 键,将复制的区域粘贴到图片中。

(6)使用“移动工具”,将粘贴的图片移动到图片中的“多余部分”上,将其覆盖。

(7)依次指向“菜单栏”→“图层”→“合并可见图层”,单击左键。

(8)选择“工具箱”中的“仿制图章工具”,并设置笔触主直径为35像素。

(9)按下 Alt 键,单击图片中想要进行复制的区域单击,然后松开“Alt”键,单击粘贴区域的边缘,使边缘更加自然逼真。

5. 偏暗照片的调整

(1)打开 Photoshop 窗口,并将光标依次指向“菜单栏”→“文件”→“打开”按钮,打开需要处理的照片。

(2)依次指向“菜单栏”→“图像”→“调整”→“色阶”命令,如图 16-5 所示。

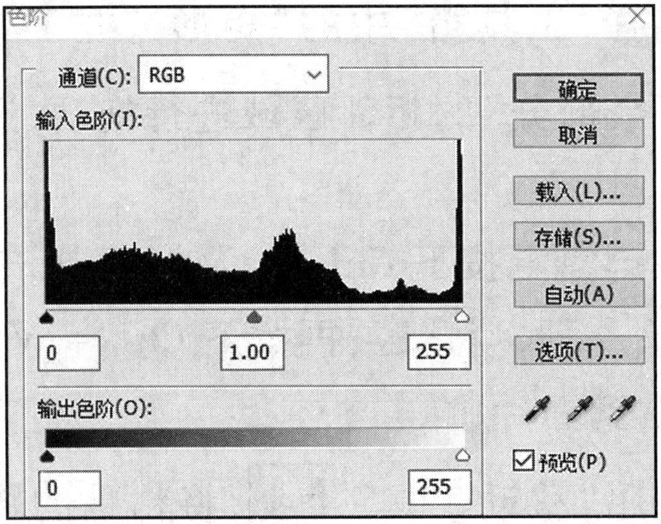

图 16-5　色阶对话框

(3)在打开的“色阶”对话框中(图 16-5),对照片进行调整。

(4)调整完毕后,单击“好”,如果觉得不合适,可回到“色阶”对话框重新调整。

(5)调整完毕后,如果发现照片上多了很多噪点,可以执行“滤镜”→“杂色”→“去斑”命令,将噪点去除。

(6)可根据效果,执行多次“去斑”命令,以达到更好的效果。

16.3 修复旧照片

1. 调整照片的亮度和对比度

(1)首先,可以单击菜单栏中“文件”按钮下的“打开”命令,打开一张照片。

(2)将光标依次指向“菜单栏”→“图像”按钮→“复制”选项,单击左键,来复制图像。

(3)在打开的“复制图像”的对话框中,单击“好”按钮,即在 Photoshop 界面上出现一个与原来图像一模一样的副本。

(4)首先将光标指向复制的图像副本,单击左键选中它,然后将光标依次指向“菜单栏”→“图像”按钮→“调整”选项→“亮度/对比度”命令,单击左键,打开窗口,如图 16-6 所示。

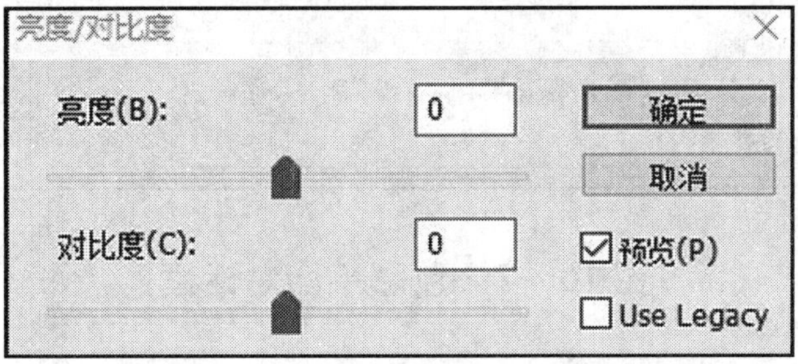

图 16-6 亮度/对比度对话框

(5)在打开的窗口中,“亮度”滑杆用于调整照片的亮度,向左移动三角滑块照片将变暗,向右移动照片将变亮。“对比度”滑杆用于调整照片的对比度,向左移动滑块照片对比度偏弱,向右移动对比度将变强。

(6)单击“文件”菜单中的“存储为”命令,为调整后的照片起一个文件名进行保存。

2. 调整照片的色彩平衡

(1)首先,可以单击菜单栏中“文件”按钮下的“打开”命令,打开一张要修复的照片。

(2)为了方便对比调整后的结果,可以将光标依次指向“菜单栏”→“图像”按钮→“复制”选项,单击左键,来复制图像。

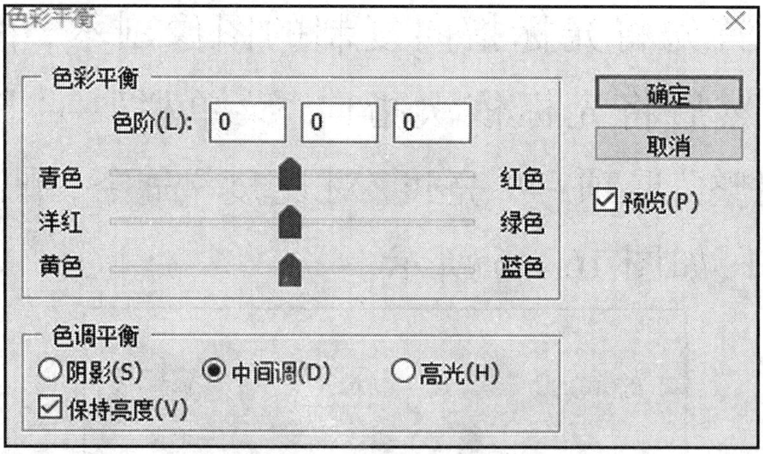

图 16 -7　色彩平衡对话框

(3)然后将光标依次指向“菜单栏”→“图像”→“调整”→“色彩平衡”选项,单击左键,出现如图16－7所示对话框。

(4)在打开的“色彩平衡”对话框中,需要依次确定以下各项:

①[青色/红色]滑块:向红色拖动代表减少青色。

②[洋红/绿色]滑块:向洋红拖动代表减少绿色。

③[黄色/蓝色]滑块:向蓝色拖动代表减少黄色。

④在“色调平衡”选项下还包括以下各项:

a. 阴影:代表的是要处理照片的阴影区。

b. 中间调:代表的是照片的中间色调区。

c. 高光:代表的是照片的高亮度区。

⑤选择“预览”复选框√,可看到调整的结果。

⑥选择“保持亮度”复选框√,可保持原照片的亮度。

(4)单击“文件”菜单中的“存储为”命令,为调整后的照片起一个文件名进行保存。

3. 去除老照片的色彩沉着

(1)首先,可以单击菜单栏中“文件”按钮下的“打开”命令,打开一张要修复的照片。

(2)为了方便对比调整后的结果,可以将光标依次指向“菜单栏”→“图像”按钮→“复制”选项,单击左键,来复制图像。

(3)然后将光标依次指向“菜单栏”→“图像”→“调整”→“变化”选项,单击左键,出现如图 16－8 所示对话框。

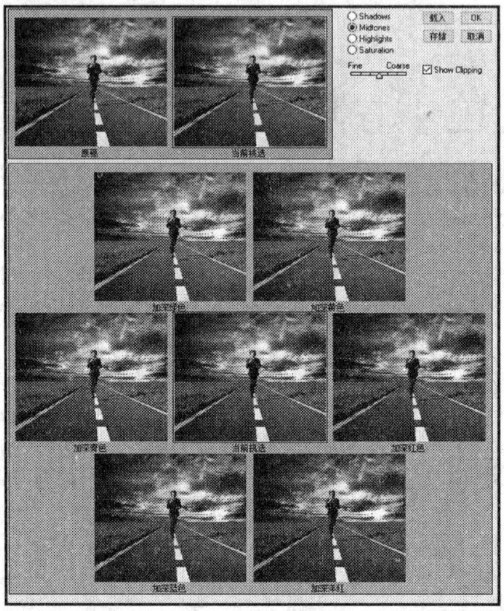

图 16－8　去除老照片的色彩沉着

(4)在打开的对话框中,顶部的两个微缩图显示了原图和调整后的图像。在对话框的上部有 4 个选项,需要依次确定以下各项。

①暗调:以照片的阴暗部分为重点进行调整。

②中间色调:以照片的中间色部分为重点进行调整。

③亮光:以照片的明亮部分为重点进行调整。

④“饱和度”:调整照片的色浓度。

⑤“精细/粗糙”滑块:可以确定每次调整的幅度,

滑块每向右(粗糙)移动一格,调整的幅度就会增加一倍,反之则减少。

(5)在对话框的中间有7个缩览图,中间为当前的照片,按照缩览图底部的说明,单击即可增加相应的颜色。

(6)右边的缩览图可调整照片的亮度。单击“较亮”照片会变得更亮,单击“较暗”照片会变得更暗。

(7)分别选择“暗调”“中间色调”“亮光”和“饱和度”就可以相应地调整照片的色调。调整后的结果反映在对话框顶部右侧的“当前挑选”和7个缩览图中的“当前挑选”上。如果对调整后的结果不满意,可以单击左上角的“原稿”,缩览图恢复,再重新调整。

(8)最后,单击“好”按钮。

4.修复照片的物理损伤

物理损伤是指原始照片由于物理性的损伤,如折痕、灰尘、擦伤等在扫描照片上的反映。

【方法1】　(1)首先,可以单击菜单栏中“文件”按钮下的“打开”命令,打开一张要修复的照片。

(2)为了方便对比调整后的结果,可以将光标依次指向“菜单栏”→“图像”按钮→“复制”选项单击左键,来复制图像。

(3)单击工具箱中的“缩放工具”,在副本中单击左键拖动出一个虚线框,框住有斑点的区域,然后放开鼠标,该区域被放大。

(4)单击工具箱中的“矩形选框工具”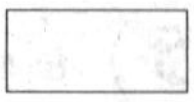,在划痕的附近选择一个颜色比较接近的小区域。

(5)按住 Ctrl 和 Alt 键不放,同时按住左键拖动选定的区域到灰尘点上(拷贝相似色将划痕覆盖),然后释放左键,在矩形框外图像的任意处再次单击左键,即可取消浮动的蚂蚁线。

(6)完成修复后,将原图和修复后的图分别放大,进行对比。

(7)单击“文件”菜单中的“存储为”命令,将修复后的照片保存起来。

【方法2】 利用工具箱中“修复画笔工具”修复照片(如蒙尘、划痕、瑕疵和褶皱等。)

(1)首先,可以单击菜单栏中“文件”按钮下的“打开”命令,打开一张要修复的照片。

(2)为了方便对比调整后的结果,可以将光标依次指向“菜单栏”→“图像”按钮→“复制”选项单击左键,来复制图像。

(3)单击工具箱左侧的“修复画笔工具”,此时鼠标变成了笔刷的形状。

(4)此时,按住 Alt 键的同时鼠标对着有斑点的附近的区域点击一下就完成了一次取样。

(5)然后,释放 Alt 键,移动鼠标对着那些斑点点击一下就可以把它消除了。

【方法 3】　如想修补比较大的区域,还可使用"修补工具"来完成。

(1)长按工具箱左侧的"修复画笔工具",选取里面的"修补工具"。

(2)在照片中,选取要修补的区域,单击左键拖动出一个闭合的区间。

(3)将光标指向该区间,拖动这个选区到想复制的区域后松开鼠标,则目的区域被复制到了原选区的区域(这个区域会自动融合到背景中)。

5. 给黑白照片上色

(1)利用磁性套索工具为黑白照片上色

如果想要把照片的色调渲染或染成其他颜色,首先应执行"菜单栏"→"图像"→"模式"→"RGB 颜色"命令,将照片的模式转换成 RGB 模式。

①为人物的脸部上色的方法

a. 首先,可以单击菜单栏中"文件"按钮下的"打开"命令,打开一张要修复的照片。

b. 为了方便对比调整后的结果,可以将光标依次指向"菜单栏"→"图像"按钮→"复制"选项单击左键,来复制图像。

c.单击工具箱中的“磁性套索工具”。磁性套索工具是一种具有可识别边缘的套索工具,可在图像中选出不规则的但图形颜色和背景颜色反差较大的图形。在图像上要填充颜色的人物“他”的外部轮廓任意处单击左键,然后沿着人物轮廓移动鼠标,在移动的过程中也可以单击鼠标定位。当回到起点时,“磁性套索工具”的下方会出现一个小圆圈,表示此时单击鼠标就会形成一个闭合区域。

d.单击“文件”菜单中的“打开”命令,打开要选取脸部颜色的文件,目的是为了吸取人物的颜色。

e.单击工具箱中的“吸管工具”,将光标移动到图片中,在人物肤色上单击左键,此时“前景色”就变成了吸管所吸取的颜色。然后,关闭图片文件。

f.单击“菜单栏”中“编辑”按钮下的“填充”命令,打开“填充”对话框,在对话框中依次设置以下各项:

(a)“使用”为“前景色”。

(b)“不透明度”为50%。

(c)“模式”为“正片叠底”。

g.单击“好”按钮关闭对话框,则文件中人物“他”的肤色变成了所选择的颜色。还可依次将“他”

的肤色填充。

h. 如果人物脸部的对比度和亮度不太自然，需要调整，可执行“菜单栏”→“图像”→“调整”→“亮度/对比度”命令。

②为人物的背景上色

a. 单击工具箱中的“磁性套索工具”，选取人物以外的背景，此时背景被浮动的蚂蚁线包围。

b. 单击工具箱中的“吸管工具”，将光标移动到右侧的“色板”控制面板中选取要填充的颜色，此时“前景色”就变成了吸管所吸取的颜色。

c. 单击“菜单栏”中“编辑”按钮下的“填充”命令，打开“填充”对话框，在对话框中依次设置以下各项。

(a)“使用”为“前景色”。

(b)“不透明度”为50%。

(c)“模式”为“正片叠底”。

(d)还可执行“菜单栏”→“图像”→“调整”→“变化”命令，打开“变化”对话框调整颜色。

③为人物的衣服上色

a. 使用“磁性套索工具”选取人物“他”的衣服，选择“色板”控制面板中喜欢的颜色。

b. 然后，单击“菜单栏”中“编辑”按钮下的“填

充”命令,打开“填充”对话框,在对话框中依次设置:

(a)“使用”为“前景色”。

(b)“不透明度”为50%。

(c)“模式”为“正片叠底”。

(d)再使用“磁性套索工具”选取人物“他”的衣服,填充喜欢的颜色。

④为人物的嘴唇上色的方法

a. 由于嘴的部位太小,不利用选取。因此,首先单击工具箱中的“缩放工具”,将嘴唇部位放大,然后使用“磁性套索工具”选取人物的嘴唇部位。

b. 在“颜色”控制面板中设置喜欢的颜色,然后,单击“菜单栏”中“编辑”按钮下的“填充”命令,打开“填充”对话框,在对话框中依次设置:

(a)“使用”为“前景色”。

(b)“不透明度”为50%。

(c)“模式”为“正片叠底”。

⑤使用“裁切工具”对上完色的照片进行修饰

a. 单击工具箱中的“裁切工具”,在图像上画一个矩形框,框内的区域是要保留的对象,框外的区域是要删除的区域。

b. 在矩形框内双击鼠标左键,将图像周围多余的白边裁减掉。

c. 最后，单击“文件”菜单中的“存储为”命令，将照片保存起来。

（2）利用图层混合模式给黑白照片上色

①在图片背景上，将光标依次指向“菜单栏”→“图层”→“新建”→“图层”，新建一个图层1，并在右侧的“图层”面板上，双击“图层1”名称，将其更名为“肤色”。

②使用“画笔”工具在图层1上绘制脸部。

③绘制完之后，在右侧的“图层”面板中，单击“正常”旁边的向下三角，选择使用图层混合模式中的“颜色”模式，即可。

④使用“橡皮”工具把图层1中眼睛的位置擦除干净。

⑤新建图层2，用同样的方法绘制嘴唇，同样使用图层混合模式中的“颜色”模式。

⑥同样的办法绘制指甲。

⑦新建图层3，使用绿色“画笔”绘制眼影。

⑧将光标依次指向“菜单栏”→“滤镜”→“模糊”→“高斯模糊”，单击左键，使用高斯模糊，然后改变图层混合模式为“颜色”模式。

⑨按照以前的方法，使用“橡皮”工具把眼睛里面的颜色擦除。

⑩再新建一个图层,“图层混合模式”为“正常”模式,用画笔在脸的左右各画一个 S,然后使用“滤镜”中的“高斯模糊”,模糊数值要大一些。这样,脸会变得红润了。

⑪头发的制作方法同上。

16.4 丰富电子相册

1. 设置图片的羽化效果

羽化一张照片就是只保留选定的图像,而将多余的部分去掉,并且使之产生一种虚幻的感觉。

(1)单击工具箱中的“椭圆选框工具”,在照片中单击左键拖动出一个椭圆形的选择区域,框住所选的人物。

注:在工具箱中,只要某个工具的右下角有一个黑色小三角,就说明单击该图标片刻就会打开该工具隐藏的工具面板,里面还包含其他的工具。

(2)单击“菜单栏”→“选择”按钮→“羽化”命令,在打开的“羽化选区”对话框中,设置“羽化半径”为 100 像素。像素设置越高,选择区域的边缘就变得越模糊。最后,单击“好”关闭对话框。

(3)单击“菜单栏”→“选择”按钮→“反选”命令,

此时选择区域就变为所选人物以外的所有区域了。

(4)单击“菜单栏”→“编辑”按钮→“清除”命令,(清除就是删除的意思)。

(5)最后,在选择区域的外部单击一下,即可取消“蚂蚁线”,取消选择。

【实例】　利用羽化实现快速合成图片

(1)打开一张背景素材和人物图。

(2)使用移动工具把背景素材拖到人物图上,并在“图层面板”上调整图层的不透明度能看到人物即可(如38%左右)

(3)用磁性套索工具套选出人物,然后依次指向“菜单栏”→“选择”→“羽化”,羽化半径选择4～7即可。

(4)按Delete删除键清除。

(5)最后将右侧的“图层面板”中图层的不透明度再调回100%即可完成。

2.制作图片的双胞胎效果

【方法1】　利用水平翻转的方法

(1)单击“菜单栏”→“文件”按钮→“新建”命令,建立一个宽为800像素,高为600像素,RGB颜色的文件。

(2)打开要设置的文件,并将光标依次指向“菜单栏”→“图像”按钮→“图像大小”命令,将图像缩小。

(3)使用“移动工具”,将对象移动到画布中合适的位置上。

(4)再次使用“移动工具”。

(5)单击“菜单栏”→“编辑”按钮→“变换”→“水平翻转”命令,使其中一个对象水平翻转后与另一个对象对称。

(6)为了美化图像,还可单击工具箱中的“裁切工具”,将图像周围的白边剪掉。

【方法 2】 利用扩充画布的方法

(1)打开要设置的图像,并执行“菜单栏”→“图像”按钮→“复制”命令,复制一个图像副本。

(2)执行“菜单栏”→“图像”按钮→“旋转画布”→“水平翻转”命令。

(3)单击“菜单栏”→“图像”按钮→“画布大小”命令,打开“画布大小”对话框,其中“当前大小”中的“宽度”表示的是现在画布的宽度,如需加宽画布,可在“新建大小”选项组中设置要加宽的“宽度”,“高度”会自动调整。

(4)然后,单击“定位”框中的第 2 行第 3 列(或第 1 列),便在那出现一个白色方框。这个方框表示,现在的图形定位在右侧，即扩充的面积应当在左侧出现。单击“好”按钮，关闭该对话框，即可在图像的左侧扩充画布。

（5）单击工具箱中的“移动工具”，将原版图像文件拖动到“副本”文件中，并调整好位置。

（6）还可单击工具箱中的“裁切工具”，将图像周围的白边剪掉，即可完成。

3. 换头术

【方法1】

（1）打开要设置的照片。

（2）使用工具箱中的“磁性套索工具”将所选人物的脸部选取下来。

（3）使用工具箱中的“移动工具”，将所选人物的脸部移至背景图中。

（4）还可执行“菜单栏”→“编辑”按钮→“变换”→“水平翻转”命令，将新粘贴的对象进行水平翻转。（任选操作）

（5）执行“编辑”按钮→“自由变换”命令，将图像调整到合适的大小。调整完毕后，在框内双击左键，完成缩放和旋转的操作。

（6）如果人物的脸部较暗或较亮，可使用“图像”

按钮→“调整”→“亮度/对比度”命令来调整。

(7)依次执行(2)、(3)、(4)、(5)步,将其他人物的脸部调整完毕。

(8)最后,需要修饰、处理人物脸部的边缘,按住Ctrl键单击“图层”控制面板中要修饰、处理的人物脸部图层(如图层1)。

(9)单击“选择”菜单中的→“羽化”命令,在“羽化选区”的对话框中设置“羽化半径”为2像素,然后,单击“好”按钮关闭对话框。

(10)再执行“选择”菜单中的→“反选”命令,此时选择区域为对象脸部以外的区域。按键盘上的“Delete”键删除选区。

(11)如未达到理想效果可再次单击“选择”菜单中的“反选”命令,再一次执行步骤(8)~(10)的各个操作,此时图像的边缘与人物脸部就比较好地融合在一起了。

(12)用同样的方法对其他人物的脸部进行调整,最后,将调整后的图像存储即可。

PS照片换脸技巧

换脸对选材很重要,要求两张照片里面的人物脸部视角要一致,也就是图中人物的视角要相同,脸的角度正反不同没有关系。

【方法2】

（1）打开换脸图一、换脸图二两张图片素材。

（2）使用“工具箱”中的“套索工具”将图一中人的脸部圈中。（大一点没关系）

（3）使用“移动工具”将其直接移至图二中。

（4）可依次指向“菜单栏”→“编辑”→“变换”→“水平翻转”，单击左键。

（5）调整图层的不透明度，并按“Ctrl + T”调整大小及角度，使得透明的两张脸五官重合。

（6）反复执行第（5）步，调整不透明度，然后自由变换多做几次，直到五官重合为止。

（7）使用“橡皮擦”工具仔细擦除多出来的边缘，然后一点点加大透明度，仔细擦。（如果图片太小，可使用“放大镜”工具放大来擦除）

（8）在右侧的“图层面板”中，把图层的不透明度调回100%。

（9）细节没有处理好的，可以使用“模糊工具”和“涂抹工具”进行细化。

（10）最后，还可以依次指向“菜单栏”→“图像”→“调整”→“色阶”（或“色彩平衡”、亮度/对比度、变化等），单击左键，来调整图片的颜色。

4. 添加相框

利用 FrameMaster 2.12 汉化版软件来为照片添加相框。

(1)首先,在打开的 IE 浏览器的窗口中,地址栏内输入 http://www.hanzify.org/,登录到汉化新世纪网站下载所需的 FrameMaster 2.12 汉化版免费软件。

(2)在打开的“汉化新世纪”首页中,首先在“搜索”框中,输入要查找的软件名 FrameMaster 2.12,并单击“搜索”按钮。在打开的下载页面中,单击“点这里下载”字样,将软件下载到硬盘上。(方法可参考“第 10 章 下载”相关内容)

(3)将下载下来的软件解压缩并安装。首先,双击下载下来的软件图标,将软件解压缩。然后,在打开的界面中,双击 FrameMaster 2.12 汉化版.EXE 文件,开始安装。

(4)安装完毕后,在桌面上即可出现 FrameMaster 图标,双击即可启动。

(5)打开 FrameMaster 窗口,首先可单击“工具栏”中的第一个“打开”按钮,打开要处理的照片。如照片的显示比例过大,可将光标依次指向“菜单栏”→“查看”按钮,单击左键,在打开的下拉菜单中,按照合适的比例(如 50%、75% 等的比例)显示照片。

(6)如要给照片添加边框,可将光标依次指向“菜单栏”→“边框”→“修饰边框”按钮,单击左键。

(7)在打开的“修饰边框选项”窗口中,依次选取“边框类型”和“尺寸”等内容,还可单击“预览”按钮,预览效果。选择完成后,可单击窗口中的“使用边框”按钮确认,即可完成。

(8)如想设置有关边框的一些特殊效果,还可将光标依次指向“菜单栏”→“边框”→“灰度面罩”、“覆盖效果”等按钮。

①灰度面罩:在打开的“灰度面罩”选项的窗口中,可在右侧单击想使用的“面罩类型”,还可调配面罩颜色,确认后,单击“应用面罩”按钮即可。

②覆盖效果:在打开的“覆盖层”选项的窗口中,可在右侧单击想使用的“覆盖边框类型”,并单击“预览”按钮,预览效果。选择完后,可单击窗口中的“应用覆盖层”按钮确认,即可完成。

③阴影效果:在打开的“阴影”选项的窗口中,可在右侧单击“框架色彩”“边框色彩”“填充方式”按钮,选取阴影效果颜色,并可单击“预览”按钮,预览效果。选择完后,可单击窗口中的“应用”按钮确认,即可完成。

注意:如选取“逼真”复选框,则“边框色彩”“填充方式”按钮均无法使用。

④边框:在打开的“边框”选项的窗口中,首先可以单击“边缘颜色”“边框颜色”按钮及“填充方式”按钮,选取边框效果颜色,还可单击“框架深度”按钮,设置边框深度。最后,单击“预览”按钮,预览效果。选择完后,可单击窗口中的“应用”按钮确认,即可完成。

注意:如选取“渐变”复选框,则“边缘颜色”“边框颜色”按钮及“填充方式”按钮无法使用。

⑤按钮效果:在打开的“按钮”选项的窗口中,设置“按钮深度”,并可单击“预览”按钮,预览效果。选择完后,可单击窗口中的“使用按钮”确认,即可完成。

⑥透视效果、粗糙效果、椭圆效果、锯齿边缘、钻石效果、泡沫边框等其他效果按钮的使用与前面按钮的使用基本相同。

(9)最后,可将设置完相框的照片,传输至“Photoshop”窗口中进行编辑。

①在打开的FrameMaster窗口中,将光标指向“工具栏”中的“复制”按钮,单击左键。

②再打开“Photoshop”窗口,首先将光标依次指向“菜单栏”→“文件”→“新建”选项,单击左键。在打开的“新建”窗口中,在“名称”一栏中,输入给照片起的名字(其他选项无须设置,使用默认设置即可)。最

后单击“好”。

③将光标依次指向“菜单栏”→“编辑”按钮→“粘贴”选项，单击左键，即可将在FrameMaster窗口中编辑的照片复制到“Photoshop”窗口中。

第17章 网上购物

畅游网络是一种高境界、高科技的精神享受，如果再能实现它生活中的经济价值，更是“锦上添花”。

今天我们就在网络这个大花园中为大家添上“一朵小花”——去网络淘宝。“淘”就是找一找，“宝”就是自己喜欢的东西，不一定都是值钱的哦！

17.1 网上购物的准备

1. 办一张银行卡并请银行帮助开通网上银行

中国工商银行、招商银行、中国建设银行、中国银行、中国农业银行、交通银行……目前国内有16家银行和支付宝建立了合作关系（建议选择自己方便的银行）。

2. 如何使用网上银行

开通网上银行方便用户在网络上进行购物、汇款、转账、交手机费、电费、水费等业务。

（1）如何开通网银业务（以中国工商银行为例）

①在中国工商银行开户办理银行卡,并在柜台开通网银业务。

②银行会随卡赠送“优盾”设备,保护网银账号。

(2)如何登录个人账户

①将“优盾”连接到电脑的“USB”接口上。

②参考说明书进行优盾程序安装,桌面出现“在线银行”图标。

③启动“银行在线”图标

,输入“卡号”“密码”“验证码”,如图17－1所示,点击“登录”即可。

图17－1　个人网银登录页面

3. 网银的功能与使用方法

(1)查询账户余额

登录成功后点击“我的账号”→“账号查询”→“余额”显示金额。

(2)如何查询账户明细

登录成功后点击“我的账号”→“账号查询”→“明细”,设置“查询日期”,点击“查询”即可,如图17－2所示。

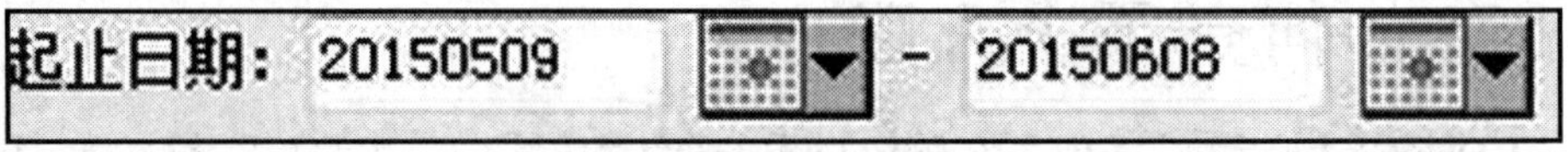

图17－2 设置查询日期

(3)如何转账汇款

①登录后点击“转账汇款”,选择“汇款类型”(境内转账汇款、跨境汇款)。

②选择“工行汇款”或“跨行汇款”。

③按提示要求填写汇款单,点击“提交”即可,如图17－3所示。

4.注册淘宝网账号

(1)打开浏览器,在打开的页面中,直接单击“淘宝网”字样,打开淘宝网首页。

(2)点击左上角的“免费注册”按钮或页面右侧的“免费注册”按钮,填写注册表。

(3)输入自己的手机号及验证码,并单击下侧的“同步创建支付宝账户”,使其前面打上√,点击“下一步”。

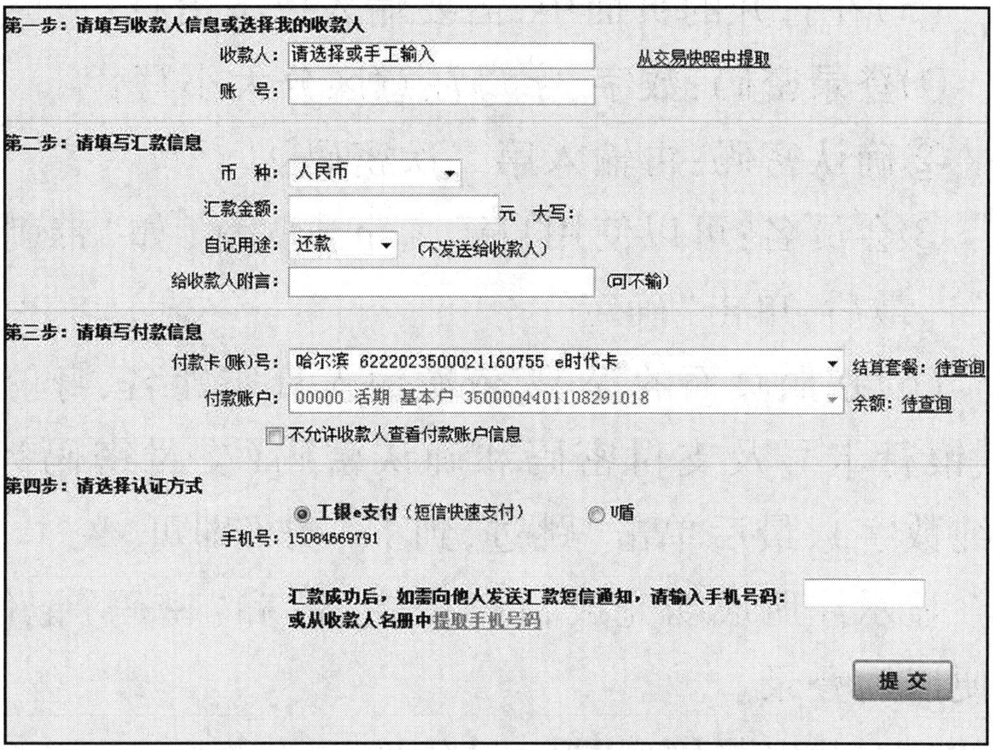

图 17－3　转账汇款信息填写窗口

（4）在打开的页面中，需要输入手机中的“短信校验码”，单击“确定”，如图 17－4 所示。

图 17－4　淘宝网注册窗口

(5)在打开的页面中,需要输入以下信息:

①登录密码:数字,字母注意区分大小写。

②确认密码:再输入第二次密码。

③会员名:可以使用自己名字或昵称(如“带刺玫瑰”),最后,单击“确定”。

(6)按照页面的提示,依次输入真实姓名、身份证号、银行卡号及支付密码和确认密码(支付密码为6位纯数字),最后单击“跳过,到下一步”即可。

显示注册成功完成,将“登录名”和“密码”记住,方便以后登录。

5. 下载安装【阿里旺旺】软件

(1)打开浏览器,直接单击“百度网”字样,进入“百度网”首页(www. baidu. com),并在搜索栏内输入“阿里旺旺”,单击“百度一下”。

(2)打开页面显示“阿里旺旺买家版官方下载”,点击“我是买家”按钮,点击“立即下载”按钮下载到“桌面”上完成。

(3)下载后双击桌面程序图标进行安装。

(4)安装完成桌面出现中文图标阿里旺旺。

17.2　网上购物

1. 挑选商品

(1)双击桌面上的“阿里旺旺”,输入淘宝上注册的“用户名”和“密码”进行登录,方便选好商品后与卖家联系。

(2)双击桌面上的“e”,登录淘宝网,在淘宝网首页上侧的“搜索框”中输入想购买的商品(如“太阳帽”),单击“搜索”。

(3)在显示的页面中,选择自己感兴趣的商品,单击该商品缩略图进入商家店铺。

(4)如想购买该商品,可单击页面中卖家旺旺头像右侧的“和我联系”按钮 

即可与卖家交流。

(5)在打开的和卖家聊天的界面中,单击右下角的“收藏”字样,可收藏此商品。

(6)在打开的登录面板中,单击上侧第一个“淘”(淘助手)按钮,在打开的界面中,单击左侧的“收藏的宝贝”即可查看之前收藏的商品。

2. 如何购买商品

(1)决定购买后,单击“立即购买”按钮,会出现填写货运信息页面,根据提示输入联系方式。

(2)输入购买数量及货运方式后,单击“确认无误,购买”。

(3)单击选择支付银行,再单击下方的“确认无误,付款”按钮。

(4)单击“去网上银行付款”按钮进入银行支付页面。

(5)转到银行页面,输入付款卡号及验证码等信息,单击“提交”按钮。付完款后出现“购买成功”字样即可完成。

3. 如何使用支付宝在网上支付手机、水电煤气、有线电视费

(1)将网银上的钱充值到支付宝

①首先启动“阿里旺旺”,输入淘宝上注册的“用户名”和“密码”进行登录。

②登录成功以后点击

按钮打开页面,点击左侧的

按钮,打开网页。

③网页中点击“充值”,打开页面。在打开的窗口中,首先单击上侧右边的“充值到余额”,使其前面打上√。

④点选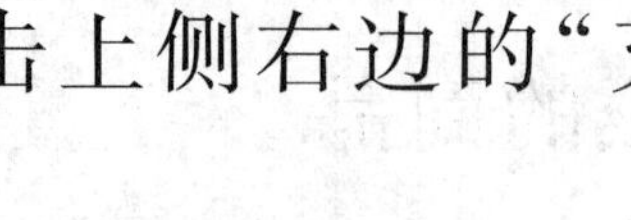

,点击“充值”。

⑤输入充值金额和支付密码，点击确认充值完成，如图 17－5 所示。

图 17－5　充值页面

（2）使用支付宝支付水电煤等各种费用的方法

①首先启动“阿里旺旺”，输入淘宝上注册的“用户名”和“密码”进行登录。

②登录成功以后点击按钮打开页面，点击左侧的

按钮，打开网页。

③在打开的“支付宝”页面中，单击右上角的“应用中心”按钮。

④然后在分类列表中，找到“生活便民”字样。

⑤想缴什么费用，就可以单击那个项目（如水电煤缴费），然后单击“所在城市”右侧的向下三角，选择城市为“哈尔滨”。

⑥在出现的页面中，想缴水费，则单击“缴水费”即可。

⑦单击“公用事业单位”右侧的向下三角，需选择

缴费单位,在户号栏内,输入缴费户号,最后点击"查询"

⑧在出现的缴费详细信息页面中,需输入缴费金额(如100),单击"去缴费"。

⑨在打开的页面中,单击下侧的"继续电脑付款",在打开的支付页面中,输入支付宝的支付密码(即6位纯数字),最后单击"确认付款"即可。

⑩出现"恭喜,缴费成功"字样,可单击上侧的"我的支付宝"查看余额。

第 18 章　网络提高应用

18.1　阅读电子图书

电脑阅读电子书首先下载“小说阅读器”，再将电子书导入阅读器即可。手机上看小说下载手机版的阅读软件。

1. 下载阅读器软件

（1）启动浏览器，输入“小说阅读器”，按“回车键”。

（2）点击选择一个阅读器软件，打开软件页面，如图 18 – 1 所示。

图 18 –1　下载软件列表

(3)点击下载地址(网通下载)启动窗口,点击“桌面”,点击“下载”即可。

(4)下载后安装软件,桌面出现阅读器图标。

2. 如何下载电子小说

(1)启动“浏览器”,地址栏输入“奇书网”,按“回车键”,点击“奇书网电子书”

进入网站。

(2)进入网站点击小说分类选项,如图 18 - 2 所示。

图 18 - 2　奇书网小说分类

(3)点击要下载的小说名称(如《甄嬛传》),启动下载页面。

(4)点击

,点击“桌面”→“下载”即可。

3. 如何阅读电子小说

下载的电子书无法直接阅读,必须导入阅读器。

方法:启动阅读器,将下载的小说文件拖入阅读列表,双击启动小说即可。

18.2 腾讯微博

微博也叫微型博客，一条微博文字不能超过140个字，因为有文字限制所以叫作微博。微博是一个言论自由的平台，可以发布文字、照片、视频等信息，和博友进行转载互动。

1. 如何开通微博

(1)打开浏览器，地址栏输入“腾讯微博”，按“回车键”，点击 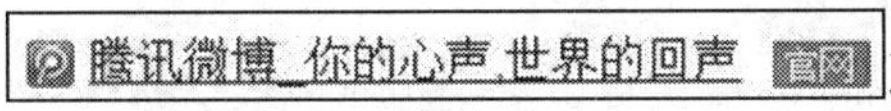

进入网页。

(2)点击“账号密码登录”，输入QQ账号和密码，点击“登录”，如图18-3所示。

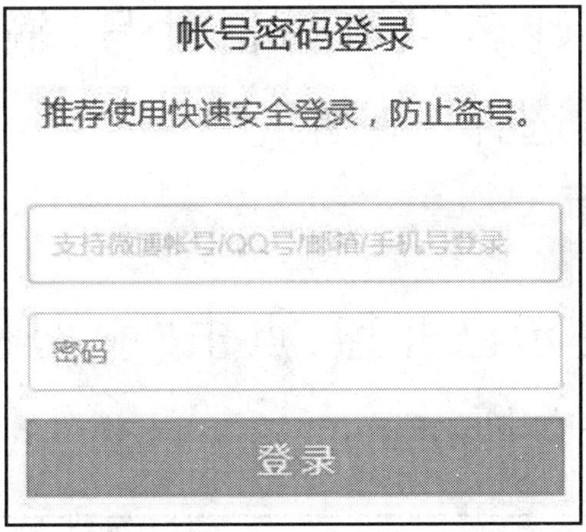

图18-3 QQ登录授权

(3)填表注册,输入“姓名”(名称自定)“微博账号”(以英文字母开头后面是数字),点击“立即开通”按钮,如图18－4所示。

图18－4　微博开通

(4)点击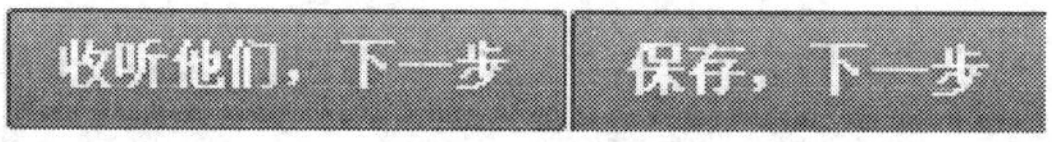

,进入下一项。

(5)点击“个人用户”。

(6)输入“姓名”、身份证件号,输入自己的身份证号码,国籍项选择“中国”。

(7)点击

。

(8)出现提示已开通,点击“立即进入微博”启动微博,如图18－5所示。

图18－5　开通成功

2. 修改【微博网名】

(1)登录微博:指向右上角“网名”,点击“设置”启动窗口。

(2)在“姓名”一项修改名称,点击“保存”,如图18-6所示。

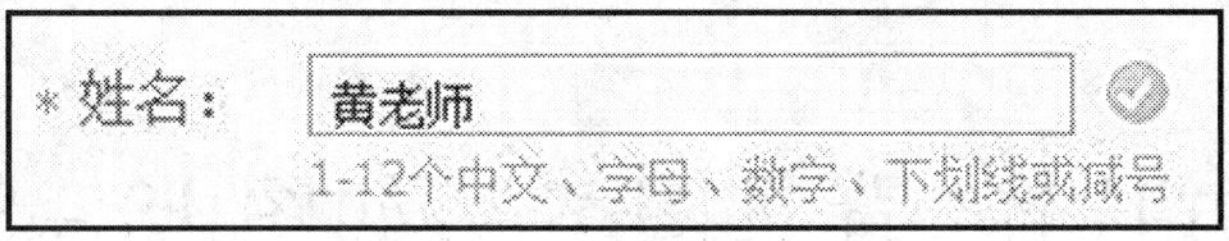

图18-6　姓名修改项

3. 如何修改【微博头像】

(1)登录微博,指向右上角头像,点击“修改头像”,启动页面。

(2)点击

启动窗口,点击“桌面”,选择“照片”,点击“打开”,点击→“保存”。

4. 发布文字信息

直接在上方文字框输入文字,点击“广播”完成。(每次发布的文字容量不得超过140个汉字)

5. 发布长微博(140个字以上)

(1)点击“文字框”下方“更多”,点击“长微博”,打开页面。

(2)填写“微博标题”,填写微博内容,设置“文字大小格式”如图18-7所示。

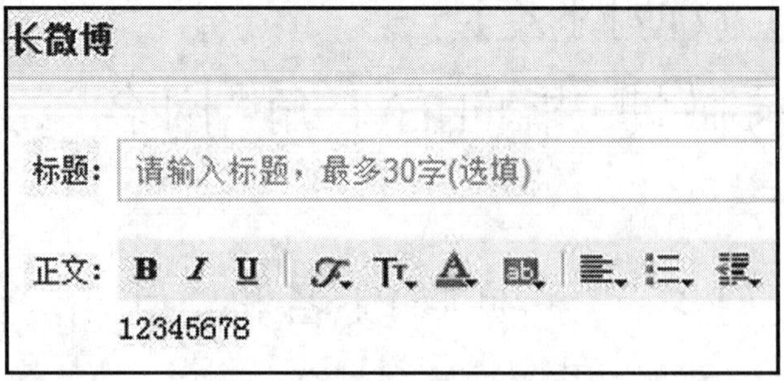

图 18－7　长微博格式设置

(3)下方选择“背景图案”，如图 18－8 所示，点击“生成长微博”按钮，再点击“广播”发布完成。

图 18－8　背景图案

6. 如何发布照片

(1) 点击文字栏下方“图片”按钮，点击 

按钮。

(2)点击桌面，选中照片，点击“打开”导入照片，点击“广播”发布成功。

18.3　QQ 个人空间

1. 进入 QQ 空间

登录 QQ，点击头像下方五角星进入空间网页。

2. 更改空间名称

进入空间指向左上角“空间名称”，点击“编辑”，光标定位输入“名称”，点击“确定”完成。

3. 更改空间背景

进入空间点击上方“装扮”，点击“免费”，点击选择“图案”，右上方点击“保存”完成。

4. 上传“头像照片”

(1) 进入空间，指向左侧“头像方框”，点击“本地上传”。

(2) 点击“选择照片”按钮，点击“桌面”，选中“照片”点击“打开”导入照片。

(3) 调整大小位置，点击“确定”完成。

5. 发布日志

(1) 点击“日志”按钮，点击

启动页面。

(2) 输入“日志标题”，下方输入文字内容，上方选择“信纸背景”，点击“发表”完成。

6. 删除日志

(1) 进入空间，点击“日志”，显示发表的日志标题。

(2) 点击“日志名称”最右侧编辑小三角，再点击“删除日志”，点击“确定”，删除完成。

7. 上传照片到空间

(1) 点击“相册”→“新建相册”，输入相册名称，点击“确定”，建立新相册完成。

(2) 点击

，点击

，点击桌面，打开照片文件夹，拖选照片，点击“确定”导入照片。

(3) 点击“开始上传”完成。

8. 删除空间照片

点击“相册”按钮，打开相册，点击照片右上角的倒三角，点击“删除”，再点击“确定”完成。

9. 删除相册所有照片

进入空间，点击相册标题，指向相册封皮右上角下箭头，点击“删除”→“确定”清除所有相册照片。

10. 如何进入好友空间

指向好友头像，点击窗口中的☆进入对方空间。

11. 转载好友的日志文章

(1)登录 QQ，指向好友图像，点击五角星进入好友空间。

(2)点击“日志”,打开一篇日志,点击上方“转载”即可。

12. 如何写日志评论

打开好友日志后,在文章最下方评论框输入文字,点击“发表”即可。

13. 如何下载好友空间相册中的照片

(1)进入好友空间,点击“相册”,指向照片点击右键,点击“复制”。

(2)在桌面上“右键”,点击“粘贴”保存完成。

18.4　下 载 电 影

下载电影的途径分为很多种,使用专用软件下载是最为方便的一种。风行电影软件主要优点在于快速自动下载,边下载边观看两大主要功能。

1. 安装风行电影软件

方法:双击安装图标,点击“一秒安装”,去掉插件勾选,点击“安装完成”即可。

注意:出现插件选项必须去掉勾选。

2. 如何启动软件

安装后双击桌面中文图标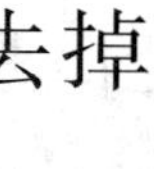。

3. 如何查找电影

【方法 1】 启动软件在上方搜索栏中输入电影或电视剧名称，点击“放大镜”即可搜索，点击电影名称播放。

【方法 2】 启动软件，点击“分类选项”（例如，电影、电视剧、综艺、动漫），点击电影名称直接播放。

4. 如何下载播放电影

在线播放电影的同时会自动进行下载，显示 100% 即下载完成，找到下载文件即可。

(1)搜索电影直接点击图标播放电影，右侧为播放列表，电影进度为 100% 时下载完成。

(2)指向电影名点右键，点击“浏览文件夹”启动窗口。

(3)指向下载的电影图标点右键，点击“复制”→“粘贴”，保存到手机或其他设备即可。

5. 如何清理播放列表

播放的电影会自动存入“播放列表”中，看过的电影最好及时清理，电影积累过多会占用硬盘空间。

方法：指向列表“电影名称”，点击右键，点击“删除任务”→“确定”完成。

18.5　下 载 歌 曲

“酷我音乐盒”是一款电脑必备的音乐软件，可以在线搜索播放音乐，也可将喜欢的歌曲自动下载到电脑，是目前网络上最好用的音乐软件。

1. 安装酷我音乐盒

双击程序图标，点击“下一步”→“安装”完成。

2. 启动音乐盒软件

安装完成后双击“酷我音乐盒”图标。

3. 如何搜索查找歌曲

【方法1】　搜索名称

启动软件，在搜索栏输入歌曲名称或歌手姓名，点击“搜索”，下方显示搜索的歌曲，点击“歌曲名”自动在右侧列表播放。

【方法2】　按姓氏搜索歌手

启动软件，点击“歌手”→“华语男”→“姓氏开头字母”（例如，Z 周杰伦），自动显示 Z 开头歌手。

【方法3】　分类查找

启动软件，点击“热门分类”，点击“歌曲类型”，从列表点击播放即可(例如,民乐、相声小品、戏曲、评书等)。

4. 如何显示桌面歌词

播放音乐,鼠标指向屏幕右下角音乐盒图标,点右键,点击“显示桌面歌词”即可。

5. 如何下载歌曲

(1)启动软件,搜索查找歌曲,点击下方歌曲名右侧“↓”箭头,启动窗口。

(2)选择格式“MP3”,点击“保存位置”右侧文件夹选择桌面。

(3)点击“立即下载”即可。

6. 将歌曲下载到U盘

(1)将U盘或手机连接到电脑上。

(2)启动软件,搜索查找歌曲,点击歌曲名右侧箭头“↓”。

(3)选择格式“MP3”,点击“保存位置”右侧“文件夹”选择优盘名称,点击“确定”。

(4)点击“立即下载”即可。